AF122468

# Historia de Inglaterra

*Fascinante Guía de la Historia Inglesa, desde la Antigüedad, el Gobierno de los Anglosajones, los Vikingos, los Normandos y los Tudor hasta el Fin de la Segunda Guerra Mundial*

© Copyright 2020

Todos los derechos reservados. Ninguna parte de este libro puede ser reproducida de ninguna forma sin el permiso escrito del autor. Los revisores pueden citar breves pasajes en las reseñas.

Descargo de responsabilidad: Ninguna parte de esta publicación puede ser reproducida o transmitida de ninguna forma o por ningún medio, mecánico o electrónico, incluyendo fotocopias o grabaciones, o por ningún sistema de almacenamiento y recuperación de información, o transmitida por correo electrónico sin permiso escrito del editor.

Si bien se ha hecho todo lo posible por verificar la información proporcionada en esta publicación, ni el autor ni el editor asumen responsabilidad alguna por los errores, omisiones o interpretaciones contrarias al tema aquí tratado.

Este libro es solo para fines de entretenimiento. Las opiniones expresadas son únicamente las del autor y no deben tomarse como instrucciones u órdenes de expertos. El lector es responsable de sus propias acciones.

La adhesión a todas las leyes y regulaciones aplicables, incluyendo las leyes internacionales, federales, estatales y locales que rigen la concesión de licencias profesionales, las prácticas comerciales, la publicidad y todos los demás aspectos de la realización de negocios en los EE. UU., Canadá, Reino Unido o cualquier otra jurisdicción es responsabilidad exclusiva del comprador o del lector.

Ni el autor ni el editor asumen responsabilidad alguna en nombre del comprador o lector de estos materiales. Cualquier desaire percibido de cualquier individuo u organización es puramente involuntario.

# Tabla de Contenidos

INTRODUCCIÓN ........................................................................................1
CAPÍTULO UNO- LOS PUEBLOS DE LA PREHISTORIA ...........................2
CAPÍTULO DOS- LA CONQUISTA ROMANA ..........................................6
CAPÍTULO TRES - BRITANIA....................................................................10
CAPÍTULO CUATRO - LA EDAD MEDIA ................................................15
CAPÍTULO CINCO - ALFREDO EL GRANDE..........................................20
CAPÍTULO SEIS - DANELAW ...................................................................25
CAPÍTULO SIETE - LA CONQUISTA NORMANDA................................29
CAPÍTULO OCHO - LA CARTA MAGNA .................................................33
CAPÍTULO NUEVE - LA PESTE NEGRA ..................................................37
CAPÍTULO DIEZ - LA DINASTÍA TUDOR................................................43
CAPÍTULO ONCE – LA DIÁSPORA DE INGLATERRA ...........................51
CAPÍTULO DOCE - LA CASA DE ESTUARDO.........................................56
CAPÍTULO TRECE – LA GUERRA CIVIL..................................................62
CAPÍTULO CATORCE- EL PROTECTORADO .........................................68
CAPÍTULO QUINCE – LA GLORIOSA REVOLUCIÓN.............................73
CAPÍTULO DIECISÉIS - LA REVOLUCIÓN CIENTÍFICA ........................78
CAPÍTULO DIECISIETE – SURGE GRAN BRETAÑA ...............................82
CAPÍTULO DIECIOCHO - LA ERA VICTORIANA ...................................87

CAPÍTULO DIECINUEVE – LA PRIMERA GUERRA MUNDIAL ............... 92
CAPÍTULO VEINTE -LAS REBELIONES IRLANDESAS .............................. 99
CAPÍTULO VEINTIUNO -LA INGLATERRA DEL SIGLO XX ................... 104
CAPÍTULO VEINTIDÓS - EDUARDO VIII .................................................. 109
CAPÍTULO VEINTITRÉS -LA SEGUNDA GUERRA MUNDIAL ............... 113
EPÍLOGO ........................................................................................................ 122

# Introducción

Hay pocos lugares que atraigan tanto la imaginación como Inglaterra. Solo una pequeña isla frente a la costa occidental de Europa continental cuenta con una rica historia que se remonta a los primeros humanos modernos. Desde entonces, sociedades enteras han surgido y caído a medida que los pueblos aprendieron a fabricar herramientas de piedra y hueso, enterrar a sus muertos y fortificar sus ciudades contra los invasores extranjeros. Desde los temibles guerreros celtas de la prehistoria hasta los hábiles inventores y estadistas de la era moderna, la historia de Inglaterra está repleta de magníficos castillos, complejos reyes y reinas, campesinos rebeldes y horripilantes plagas.

A lo largo de la historia, más pueblos han hecho de Inglaterra su hogar de lo que tal vez la mayoría de nosotros nos hemos dado cuenta.

# Capítulo Uno– Los Pueblos de la Prehistoria

Los primeros seres humanos conocidos aparecieron en las Islas Británicas hace unos 900.000 años.[1] Casi un millón de años antes de que comenzaran los registros escritos, estas tierras experimentaron cambios masivos en clima, cultura, gobierno, ingeniería y geología. El descubrimiento de herramientas de piedra de 900.000 años de antigüedad en la Gran Bretaña moderna revela una pequeña parte de la vida de una especie humana seminómada temprana que en realidad no tenía que viajar en barco para llegar a Britania, sino que solo tenía que cruzar a pie el puente terrestre del norte de Europa continental

Los antropólogos plantean la hipótesis de que estos primeros humanos pasaron un tiempo en Britania principalmente durante los meses más cálidos del verano. Hay escasa evidencia de asentamientos permanentes en esta área hasta hace unos 50.000 años; después de este período, varias especies de proto humanos parecen haber frecuentado el paraje. Algunos de estos visitantes y posibles residentes eran neandertales. Lo que se ha encontrado de estos pueblos

---

[1] "Prehistoria". *Herencia Inglesa.* Web.

primitivos es poco significativo, pero a partir de hace aproximadamente 30.000 años, el registro arqueológico muestra un claro aumento en la población y la evolución cultural. Para ese período, ya habían surgido los humanos modernos. Sobre todo, cazaban caballos salvajes y ciervos rojos, subsistiendo de la caza y de métodos de recolección durante la Edad de Hielo.

A medida que la Edad de Hielo se iba terminado gradualmente, el suelo se iba calentando lentamente y los bosques comenzaron a extenderse por tofo el paraje. Se establecieron en el área más pueblo, creando una antigua cultura cuyos componentes los investigadores solo pueden adivinar. Finalmente, comenzaron a dejar pistas más convincentes sobre sus identidades. En la frontera de Nottinghamshire y Derbyshire se encuentran los Riscos Creswell, un área con muchas formaciones de cuevas. En la roca conocida como el Hueco de la Iglesia en Nottinghamshire, se descubrieron grabados en las paredes de la cueva, que datan de hace aproximadamente 13.000 años.[2] En los grabados se ven aves, búfalos, ciervos y osos, que es la forma más antigua de arte rupestre que se encuentra en Britania.

Al final de la Edad de Hielo, alrededor del año 6500 a. C., la elevación del nivel del mar finalmente separó la península británica del resto de Europa, dando lugar a las islas que conocemos hoy.[3] Unos 2.000 años después, la tecnología agrícola comenzó a revolucionar la producción de alimentos entre la población de Britania.[4] Los objetos que dejaron estos primeros agricultores y sus sucesores incluyen cabezas de hacha de piedra, molinos de mano para obtener harina y arados. En este momento, la agricultura ya había estado en uso en Grecia, el Mediterráneo y el Medio Oriente durante aproximadamente 5.000 años, y los arqueólogos afirman que una gran y repentina afluencia de inmigrantes de Europa continental puede explicar la transición en Britania. Otros sugieren que la mezcla

---

[2] "Capilla Sixtina de la Edad de Hielo". *Noticias de la BBC.* Web. 2004.
[3] "Una introducción a la Inglaterra Prehistórica (antes del año 43 d. C.)". *Herencia Inglesa.* Web.
[4] Ibidem.

entre las culturas orientales y occidentales trajo los nuevos métodos durante un período de tiempo más largo. Las personas que trajeron los métodos a la isla tuvieron que ir en barco desde Europa continental a Inglaterra, lo que no habría sido una tarea fácil.

Si bien los primeros residentes de Inglaterra cultivaban principalmente cebada y trigo, las personas aún dependían de la naturaleza para otros tipos de alimentos. Todavía se movían de una región a otra en lugar de establecerse en un lugar, lo que sugiere que la caza iba de la mano con el cultivo; con el paso del tiempo, sin embargo, las aldeas y los centros urbanos comenzaron a aparecer en el paisaje.

Entre 3500 y 3300 a. C., las comunidades agrícolas comenzaron a centrarse en regiones más fértiles, como el este de Escocia, Anglesey, el Alto Támesis, Wessex, Suffolk, Yorkshire y los valles fluviales de Wash, que son los más productivos en términos de suelo y producción agrícola.[5] A lo largo del período neolítico, grupos de aldeas aparecieron en las áreas más fértiles de Britania lo que indica una forma de vida más estable y una mayor importancia otorgada a los alimentos cultivados. Estas áreas de asentamiento persistirían y aumentarían la población lentamente, lo que significa que seguirían siendo las principales regiones del país en épocas futuras.

Las casas construidas por los británicos neolíticos generalmente eran rectangulares y construidas de madera. Con tales masas de áreas boscosas, la madera era un bien abundante y valioso. Al talar árboles para crear más espacio agrícola, los pudieron usar simultáneamente esa madera para construir edificios y mantener encendidas las fogatas. Los cimientos de dichas estructuras, aunque raros y generalmente solo se han descubierto cerca de monumentos neolíticos de piedra más grandes, son una parte importante del registro arqueológico.

De hecho, la característica más formativa de la Edad Neolítica de Britania, al menos por lo que todavía podemos ver, son los edificios

---

[5] Pearson, Mike Parker. *Edad de Bronce en Britania* (Edición revisada). 2005.

funerarios. Enormes montículos como la Colina de Silbury en Wiltshire o la tumba con cámaras en Newgrange en Irlanda, estaban dispersadas densamente en el antiguo mundo en un deslumbrante espectáculo de evolución cultural. Los antropólogos creen que esto significó un nuevo descubrimiento de veneración de los antepasados, la familia y quizás líderes sociales poderosos. Los arqueólogos todavía pueden encontrar las armas, los setos de piedra, los setos de madera, los fuertes de las colinas y los lugares de entierro de estos pueblos antiguos. La evidencia de sus centros urbanos incluye monumentos cívicos como Stonehenge o el recinto de la Colina de Windmill, que fueron construidos en Wiltshire cerca del final de la Revolución Neolítica. Otros monumentos construidos por estas sociedades de la Edad de Bronce incluyeron sepulcros con impresionantes túmulos montados sobre la cámara funeraria de importantes ciudadanos muertos.

Estos rituales de los entierros evolucionarían durante los siguientes milenios, convirtiéndose en grandes setos, enormes trabajos en piedra y, finalmente, en las grandes fortificaciones de los celtas de la Edad del Hierro. Sin embargo, a medida que los británicos florecieron, sus tierras y recursos se convirtieron en una fuente de celos para otros líderes europeos. El poderoso gobernante romano, Julio César, envió un puesto militar a Britania esperando conquistarla por completo; sin embargo, sus fuerzas fracasaron en esta misión. No fue sino hasta el año 43 d. C. que los antiguos pueblos de Britania se enfrentaron a su enemigo más desconcertante y temible: el emperador romano Claudio.[6]

---

[6] Faulker, Dr. Neil. "Resumen: La Britania Romana, 43 - 410 d. C.". *Historia BBC*. Web. 2011.

# Capítulo Dos- La Conquista Romana

La decisión de enviar al famoso ejército romano a Britania fue un movimiento político extraño para el imperio más poderoso de Europa. La República romana, seguida por el Imperio romano, ya había reclamado las tierras que rodean el mar Mediterráneo, las de las tribus germánicas y los galos, e incluso ciudades tan al este como Mesopotamia. Había pocas razones económicas para continuar deslazando a las fuerzas romanas más al oeste, excepto que el nuevo emperador, Claudio, necesitaba un proyecto emocionante para hacerlo más agradable.

Claudio heredó el imperio después de que su hermano, el infame "loco" Emperador Calígula, fuera asesinado en 41 d. C.[7] El Senado romano no estaba a favor de Claudio como gobernante, particularmente dada su relación con el antiguo emperador. Sabiendo esto, Claudio necesitaba una solución política rápida para proteger su trono, y decidió aplacar a las masas con la construcción de imperios a la vieja usanza. Para los romanos de su época, Britania era una tierra de fantasía y maravilla; estaba en los confines del mundo conocido, y

---

[7] Ibidemen.

ni siquiera el gran Julio César había sido capaz de tomarla por la fuerza. Era un lugar de pantanos y bosques, poblado por feroces guerreros pintados de azul, que dominaban la imaginación popular. Proponer una campaña en Britania fue un movimiento muy inteligente y exitoso por parte del impopular emperador Claudio, aunque no tuvo mucho tiempo para disfrutar de los frutos de su campaña. Claudio moría poco después de que sus ejércitos llegaran a la isla distante, en 54 d. C., probablemente envenenado por su esposa o por uno de los senadores romanos.[8]

La invasión reunió a un ejército de 40.000 soldados profesionales.[9] La mitad eran legionarios civiles y la otra mitad auxiliares que fueron reclutados o esclavizados de las lejanas provincias de Roma. El hombre encargado de dirigir al ejército a este territorio extranjero y vencer a los británicos nativos fue Aulo Plaucio. Obedientemente, Plaucio llevó a sus hombres a la isla y probablemente desembarcó en el sureste, según datos arqueológicos. Una vez situados, los romanos atacaron y sometieron a la tribu local Catuvellauno. En el futuro, los romanos se encontrarían con muchas comunidades de diversos celtas, pero fue la reina Boudica, de la tribu celta de los icenos, quien organizó la lucha más famosa contra ellos.

Boudica fue la esposa del rey Prasutago de los icenos, y ambos gobernaron sobre una tribu ubicada aproximadamente en lo que hoy es Norfolk. Los contemporáneos identificaron a Boudica como una reina alta, con largo cabello rojo y una voz áspera. Se dice que llevaba un grueso anillo dorado alrededor del cuello. Cuando los romanos acampados estaban ocupados al mando de un pequeño asentamiento en el río Támesis, Boudica estaba conspirando para destruir al poderoso enemigo que se había trasladado a sus tierras ancestrales. Su deseo de venganza fue mucho mayor por el hecho de que los romanos no solo se habían negado a respetar el derecho de sus hijas a

---

[8] "Claudio (10 a. C. - 54 d. C.)". *Historia BBC*. Web.
[9] "Cinco cosas sobre las nos equivocamos acerca de la Conquista Romana de Britania". *BBC*. Web.

gobernar a los icenos tras la muerte del rey Prasutago en el año 59 d. C., sino que los soldados también habían torturado a las mujeres.

Boudica reunió a sus guerreros e hizo una alianza con otros británicos nativos para asediar los campamentos romanos. Comenzaron en Camulodunum, donde se encuentra la moderna Colchester, y la arrasaron por completo. Cato Deciano, el romano al mando del puesto avanzado se vio obligado a huir directamente, y luego, la gente de la tribu asedió el Templo de Claudio durante dos días. Una facción del ejército romano recibió instrucciones de acabar con los rebeldes, pero se vieron obligados a retirarse.

La evidencia arqueológica corrobora la historia de la violenta incursión de Boudica a través de las tierras ocupadas por los romanos en Britania, particularmente en el sur de Londres. Allí, se han encontrado cerámica y monedas a varias profundidades en el suelo, lo que proporciona una cronología clara para los investigadores. Se ha descubierto una carretera, construida alrededor de 50 d. C. y bordeada de casas y tiendas, entre los objetos.[10] Todos estos fueron quemados completamente poco después de haber sido construidos, justo cuando se dice que Boudica mató a unos 70.000 romanos y arrasó a la incipiente comunidad de Londinium, una ciudad que algún día se convertiría en Londres.[11] El encuentro ha sido denominado la "batalla de la Calle Watling" debido a la ubicación de los hallazgos arqueológicos. También se ha encontrado una capa coincidente de marcas de quemaduras en la orilla norte de Londres.

Durante la campaña de Boudica, las tribus de los icenos ofrecieron sacrificios a su diosa Andraste, la diosa celta de la venganza. El historiador romano Casio Dio escribió sobre la escena en la que Boudica se dirigió a sus guerreros:

*"PERMÍTENOS PUES, IR EN CONTRA DE (LOS ROMANOS), CONFIANDO AUDAZMENTE EN LA BUENA FORTUNA. PERMÍTANME MOSTRARLES QUE SON LIEBRES Y ZORROS TRATANDO DE DOMINAR A PERROS Y LOBOS".*

---

[10] Muir, Hazel. "Boudica arrasó las calles del sur de Londres". *New Scientist*. Web. 1995.
[11] Ibidem.

*CUANDO ELLA (BOUDICA) TERMINÓ DE HABLAR, EMPLEÓ UNA ESPECIE DE ADIVINACIÓN, DEJANDO QUE UNA LIEBRE ESCAPARA DEL PLIEGUE DE SU VESTIDO; Y DADO QUE FUNCIONÓ EN LO QUE CONSIDERABAN EL LADO AUSPICIOSO, TODA LA MULTITUD GRITÓ DE PLACER, Y BOUDICA, LEVANTANDO SU MANO HACIA EL CIELO, DIJO: TE AGRADEZCO, ANDRASTE, Y TE LLAMO COMO UNA MUJER HABLANDO CON UNA MUJER... TE RUEGO POR LA VICTORIA Y LA PRESERVACIÓN DE LA LIBERTAD".*[12]

*LOS ICENOS PERDIERON ESTA BATALLA FINAL CONTRA LOS ROMANOS, Y 80.000 HOMBRES Y MUJERES, INCLUIDA LA REINA BOUDICA, PERECIERON.*[13] *LOS REGISTROS RELACIONADOS CON LA MUERTE DE LA REINA SON CONTRADICTORIOS. CASIO DIO AFIRMA QUE MURIÓ DE ENFERMEDAD DURANTE EL CURSO DE LA REBELIÓN, MIENTRAS QUE OTRO HISTORIADOR ROMANO, TÁCITO, ESCRIBIÓ QUE SE ENVENENÓ A SÍ MISMA EN LUGAR DE SUCUMBIR A LAS ESPADAS DE LOS ROMANOS.*[14]

---

[12] Dio Cassius, citado por Los *Reyes Ingleses*. "Boudica, Reina de los Icenos". Web.
[13] Ibidem
[14] Ibidem.

# Capítulo Tres - Britania

La batalla de la Calle Watling entre Boudica y los romanos fue la última gran amenaza para la autoridad romana en las tierras bajas de lo que llamaron Britania. El gobernador romano, Cayo Suetonio Paulino, el mismo hombre que había orquestado la nueva ola de conquista, no solo luchó contra Boudica, sino que también demolió la fortaleza druida en Anglesey. Aunque la fortaleza y otras pequeñas comunidades se consideraban una amenaza para la ocupación romana, la continua violencia de Paulino contra los grupos nativos de Britania comenzó a generar preocupaciones morales. Utilizando una estrategia brutal y violenta, el gobernador pudo haber forzado la subyugación del pueblo de Boudica, pero su fuerza excesiva, inusual incluso para un guerrero romano, llevó a su destitución de la gobernación. Fue reemplazado por Publio Petronio Turpiliano en el año 61 d. C., y Roma intentó avanzar de una manera más diplomática con los británicos desde ese punto en adelante.

Con la diplomacia ganando terreno, la cultura romana se filtraría gradualmente en el paisaje de los británicos. Se reconstruyeron comunidades devastadas, y en muy poco tiempo, Londinium se restableció con una basílica, un foro, una mansión del gobernador y un puente resistente sobre el río Támesis. Muy pronto, la ciudad anteriormente pequeña e ignorada se convertiría en el centro administrativo de la Britania romana. Aunque el progreso fue lento, una sucesión de emperadores romanos continuó invirtiendo en la expansión del reino por razones económicas. Aunque Julio César, famoso por haber rechazado la isla por no tener importancia, en realidad, Britania poseía gran cantidad de recursos minerales. Había cobre, hierro y oro para extraer en abundancia, así como perros de caza entrenados y otros valiosos animales.

Los conquistadores romanos siguieron adelante, involucrando a algunos nativos en la guerra y haciéndose amigos de otros, todo mientras sus soldados trabajaban arduamente para desarrollar una infraestructura de estilo romano. Construyeron carreteras y ciudades con foros en sus centros, y también desarrollaron una industria minera. Ya había muchos recursos en Britania que ayudarían a aliviar el esfuerzo de los romanos; sin embargo, la nueva sociedad también importaría grandes cantidades de sus mismos productos básicos tradicionales, incluidos arroz, ganado y esclavos extranjeros. Rica en alimentos y mano de obra, de hecho, Roma hizo importantes avances en Britania. Se construyó una red de carreteras que conectaba grandes puestos de avanzada, incluidas las comunidades de Londinium y Eboracum, la última de las cuales ahora se conoce como York. Con carreteras y las ciudades prosperando, los comerciantes llegaron a ofrecer sus bienes y servicios, y la población de romanos y residentes en Britania aumentó rápidamente.

El comandante militar Cneo Julio Agrícola fue nombrado gobernador de Britania entre 77 y 83 d. C., ya que había servido allí durante su juventud como tribuno militar bajo el gobernador Paulino. Agrícola escribió sobre el tiempo que había pasado en Britania y Alemania durante sus primeros días con el ejército romano, y les dijo a sus contemporáneos que, aunque estaba entusiasmado de participar en la aventure, tenía cuidado de no bajar la guardia. Escribiría: "Ni antes ni después, Britania ha estado en un estado más incómodo o peligroso. Los veteranos han sido masacrados, las colonias quemadas, los ejércitos aislados. Teníamos que luchar por la vida antes de poder pensar en la victoria".[15]

Agrícola dirigió a sus camaradas romanos en una serie de batallas con los británicos, quienes se negaron a hacerle concesiones, y finalmente logró dominar el norte de Gales y parte de Escocia. Consideró la posibilidad de cruzar el mar de Irlanda para hacerse de la isla irlandesa más pequeña y supuso que podría conquistarla con una sola legión romana. Sin embargo, este plan nunca se cumpliría, ya que algunas de las legiones de Agrícola fueron llamadas por el emperador Domiciano para ayudar a defender a Roma de un enemigo en Europa continental. La pérdida de estos soldados también retuvo a Agrícola en Escocia, pero sus tierras ganadas no se perdieron por completo. En gran parte debido a las campañas del gobernador Agrícola en el oeste y norte de Britania, donde más británicos nativos que nunca pudieron conocer personalmente la cultura romana. La urbanización floreció cuando la gente comenzó a mudarse a las ciudades para experimentar los foros, baños y teatros y para probar los alimentos, máquinas y textiles importados del gigantesco Imperio romano.

Agrícola fue el primer gobernador de Britania en embarcarse en una campaña de romanización, una política en la que tenía la intención de cambiar la cultura de los británicos en la de los romanos. Lucharía cuando y donde se lo necesitaba para proteger lo que él y su gente habían construido, pero su política general fue eliminar las culturas nativas y reemplazarlas por las suyas. Al igual que muchos romanos, Agrícola creía que el Imperio romano era el más grande del mundo, no solo por su tamaño y poder, sino también por su sistema educativo, artesanos, estructura social y creencias. A instancias de Agrícola, los romanos comenzaron a enseñar a los británicos cómo usar el latín.

---

[15] Citado por Wasson, Donald L. "La Britania Romana". *Enciclopedia de Historia Antigua.* Web. 30 January 2017.

Unas décadas después de que terminara el gobierno de Agrícola, las cenizas de Londinium se habían cubierto por completo y se había expandido con nuevas casas, talleres y monumentos públicos. Esta vez, el pueblo era mucho más grande y se caracterizaba por grandes cimientos de piedra que datan de antes del año 120 d. C.[16] Los arqueólogos creen que este inmenso e interminable proyecto de reconstrucción culminó justo a tiempo para que Londinium se viera poderoso y grandioso para la llegada del emperador Adriano. Fue durante este período que el humilde Londinium obtuvo las inversiones necesarias para impulsarlo a una importancia aún mayor dentro de Britania. En toda Britania, las semillas de la visión del emperador Claudio habían comenzado a echar raíces.

El emperador Adriano visitaría Britania alrededor del año 120 d. C., y aunque todavía pasarían años antes de que el territorio romano llegara hasta Escocia, encargó un muro gigantesco en el extremo norte del reino.[17] El Muro de Adriano, que comenzara a construirse en 122, tenía 117 kilómetros de longitud (73 millas) y requería 15.000 soldados para manejarlo.[18] Dándose cuenta de que no podría comenzar adecuadamente la expansión hacia el norte hasta que los romanos y los escoceses hubieran alcanzado un cierto nivel de diplomacia, Adriano pretendió que el muro actuara como un punto de vigilancia entre los dos pueblos. Por supuesto, también podría funcionar fácilmente como una forma de mantener alejados a los asaltantes y ejércitos de las tierras del norte.

Durante la siguiente década, Roma fortificó Britania ampliamente con fuertes y otros muros, que eran necesarios para proteger a los británicos romanos de los ataques de los celtas y los pictos por todos lados. En el siglo III d. C., también hubo invasiones de pueblos de tribus germánicas, así como insurrecciones de dos británicos romanos. Primero Carausio, luego Alecto, encabezaron rebeliones

---

[16] Ibidem.
[17] Ibidem.
[18] Ibidem.

que condujeron a una independencia efímera de Roma. En ese momento, el Imperio romano se había vuelto demasiado engorroso para permanecer políticamente estable y se había dividido en un imperio occidental y oriental. El emperador occidental Constancio I lucharía contra el reino rebelde de Britania y lo arrebató bajo su control en el 296 d. C.[19] El victorioso emperador ya era conocido y amado en Britania, ya que había servido allí como tribuno militar muchos años antes; esta reputación lo ayudaría recuperar el reino. Los británicos leales a Roma apreciaron mucho tenerlos de vuelta en el imperio, ya que ellos también consideraban en gran medida que los romanos tenían la más erudita y digna de todas las culturas en la Tierra. En Londinium, el emperador Constancio I recibiría el título de "El Restaurador de la Luz Eterna".

---

[19] Ibidem.

# Capítulo Cuatro - La Edad Media

Justo un siglo después de que el emperador Constancio restaurara Britania a su esplendor, el emperador Honorio no tuvo más remedio que extinguir allí la luz de Roma para siempre. En gran parte debido a esa antigua metáfora que Roma y sus protectores eran como la "luz" y que todos los demás que vivían en las tinieblas recibían el apodo extraoficial para este período de la historia en Inglaterra y gran parte de Europa occidental: La Era de las Tinieblas, en español La Edad Media.

La razón de la decisión de Honorio de enviar a Roma todas las legiones británicas romanas disponibles, se debió a un terrible ataque de los visigodos sobre la antigua capital del imperio. Honorio había rechazado una oferta de paz de sus enemigos a cambio de pagos regulares, y de ese modo provocaron la ira del poderoso ejército visigodo. Atacaron el 24 de agosto de 410 y saquearon durante tres días dentro de los muros de Roma antes de abandonar la ciudad convertida en un montón de escombros humeantes.[20] El Imperio romano de Oriente, que se había convertido en el Imperio bizantino,

---

[20] Kerrigan, Michael. "Saqueo de Roma". *Enciclopedia Británica*. Web.

todavía estaba en pie; sin embargo, el Imperio romano de Occidente había sido completamente derrotado por primera vez en 800 años.[21]

Los soldados romanos restantes y los líderes designados del imperio una vez inmenso, se retiraron en su mayoría a Italia, para tratar de consolidar en alguna medida el poder en una escala mucho menor. Los gobernadores romanos, los políticos y los líderes de la industria en Britania hicieron lo mismo, dejando atrás a un gran número de ciudadanos romanos nacidos en Britania. La Inglaterra del siglo V todavía conservaba sus ciudades, infraestructura y cultura de estilo romano, pero fue abruptamente aislada de muchos de sus importantes socios comerciales continentales. Sin el comercio regular del que Inglaterra había disfrutado a lo largo de los caminos romanos bien mantenidos y de largo alcance, tanto en Britania como en el continente, su infraestructura se deterioró lentamente. Con los caminos descuidados y los bulliciosos foros de comercio casi vacíos, las ciudades de Britania se redujeron. Una vez más, a economía cambió drásticamente cuando la agricultura y el dominio regional volvieron a la tierra.

Los siguientes dos siglos de historia inglesa son prácticamente inexistentes, ya que al parecer se han mantenido muy pocos registros. Hay muchas razones por las que sucedió esto, incluida la hipótesis de que, durante ese período, el acceso a la educación había disminuido considerablemente. Además, las lenguas de las culturas más antiguas de la tierra habían comenzado a mezclarse con el latín utilizado en las ciudades más nuevas, creando escrituras que son ilegibles para los lingüistas modernos. Los arqueólogos han revelado evidencias de que muchos de los fuertes originalmente construidos por los romanos se mantuvieron durante algún tiempo, incluidos muchos a lo largo del Muro de Adriano. Parece probable que muchos de los pueblos de Britania, al menos aquellos con herencia romana, hicieron un esfuerzo considerable para continuar las costumbres de los romanos. Sin embargo, a medida que pasaba el tiempo, se volvía más difícil,

---

[21] Ibidem.

sobre todo cuando se dieron cuenta de que el Imperio romano, tal como lo conocían, se había derrumbado.

Según los registros arqueológicos, el cristianismo parece haber sido parte de la Britania posromana.[22] El emperador romano Constantino el Grande, quien muriera en 337, durante su reinado, notoriamente se había convertido al cristianismo inspirando una ola de transformación religiosa que finalmente abarcaría la mayor parte del imperio..[23] Esta religión había llegado a Britania en el siglo final de la ocupación romana, pero continuaría, no solo porque los británicos querían preservar su cultura romana sino también por la afluencia de otros comerciantes e inmigrantes de Alemania, algunos de los cuales también eran cristianos. La religión era nueva y popular en muchas partes de Europa, y aunque generalmente invadió violentamente la tierra, la transición en Britania fue pacífica. De hecho, una desesperación generalizada por preservar la cultura romana puede haber alimentado la adopción del cristianismo por parte de Inglaterra.

Una vez que el famoso ejército romano impenetrable fuera retirado de Britania, el pueblo se encontró frente a nuevas situaciones políticas y económicas. Apenas cuatro décadas después de la caída del Imperio romano de Occidente, un gobernante local de Kent llamado Vortigern también escrito Vortiger, y Vortigen, decidió tomar los asuntos en sus manos. Pidió a un grupo de mercenarios jutos de Dinamarca que vinieran a Britania y lucharan con él contra los pictos y los escoceses, quienes habían continuado sus ataques a los asentamientos romanos durante la ocupación del imperio.[24] Poco después, similares acontecimientos resultarían en el establecimiento de los Reinos de Sussex, Wessex y Essex. Los reinos de Northumbria, Anglia Oriental y Mercia se establecieron de manera similar por otra tribu germánica conocida como los anglos. En el siglo

---

[22] Petts, David. "El Cristianismo en la Britania Romana". *El Manual de Oxford de la Britania Romana*. 2016.
[23] MacGillivray Nicol, Donald, and Matthews, J.F. "Constantino I". *Enciclopedia Británica*.
[24] "La Edad Media". *Historia de Inglaterra*. Web.

VII, la antigua Britania se dividió en siete reinos germánicos separados. Los gobernantes de estos reinos habían acabado violentamente con la vida de la mayoría de los británicos nativos y los británicos descendientes de romanos a su alcance, por lo que los miembros sobrevivientes de estas sociedades acudieron en masa a Gales, Escocia y Cornualles. En Cornwall, se estableció un reino de británicos romanos. Se estima que, en momento.[25] alrededor de 200.000 anglos, sajones y jutos llegaron a Inglaterra. Así comenzó el período anglosajón de la historia inglesa.

Aunque los nuevos y poderosos habitantes de la tierra tenían una cultura y ascendencia común, de ninguna manera eran pacíficos los unos con los otros. La lucha entre los reinos recién establecidos fue tan común como las misiones diplomáticas y los matrimonios mixtos. Habiendo hecho a un lado a la sociedad anterior en la medida de lo posible, los anglosajones no hicieron ningún intento por preservar nada de la cultura romana. Después de todo, las tribus germánicas habían estado casi constantemente en desacuerdo con el Imperio romano durante siglos. Étnicamente, los anglosajones colectivamente eran una amalgama de tribus germánicas, y los habitantes de cada uno de los diferentes reinos hablaban dialectos diferentes bajo el paraguas de un idioma común. Estas lenguas reemplazarían al latín y evolucionarían a una lengua anglosajona común que se utilizaría para crear muchas obras de literatura famosas, incluyendo *Beovulfo y el Himno de Caedmon*. También es conocida como inglés antiguo.

Ininterrumpidamente, Inglaterra comenzó a parecerse más a un territorio anglosajón. Incluso muchos de los edificios de piedra de estilo romano fueron destruidos en favor del estilo arquitectónico germánico, que utilizaba principalmente madera. Los anglosajones también conservaron sus antiguas creencias religiosas, aunque muchos de ellos también eran cristianos. A principios del siglo VII, unos años después de que San Agustín de Canterbury llegara a Inglaterra, la mayor parte del territorio se había convertido al cristianismo.

---

[25] Ibidem.

Una vez que los nuevos reinos se hubieran establecido firmemente, siguieron dos siglos de cambios de poder entre Northumbria, Mercia y Wessex. En primer lugar, Northumbria tomó el control de toda Inglaterra, excepto Kent, del año 613 hasta el 731.[26] La esposa del rey Edwin de Northumbria, Etelburga, también hija del rey cristiano de Kent, lo convenció de convertirse al cristianismo. Su conversión y la de otros prominentes ciudadanos transformaron rápidamente a Inglaterra en una destacada tierra cristiana.

En 679, la mayoría del poderío económico y militar estaba en manos de Mercia, y en 757, el rey Offa de Mercia era en los hechos el gobernante de toda Inglaterra, excepto Northumbria. Inglaterra estableció firmemente sus industrias agrícola y minera para proporcionar productos comercializables con países vecinos, incluida Francia. Conocido por tener una buena relación con el rey Carlos el Grande de Francia, también conocido como Carlomagno, el rey Offa introdujo muchos sistemas al estilo continental en su propio reino. Estos incluían una nueva moneda corriente, cuyas monedas tenían el mismo contenido de plata que las monedas francesas, lo que las hacía de igual valor para el comercio. La destreza y la defensa militar también fueron el enfoque principal de Offa, quien encargó un dique de tierra apisonada de 26 pies de altura y 120 millas de largo para evitar que los británicos indígenas en Gales atacaran a sus comunidades.

Tanto los reyes de Mercia como los de Northumbria tuvieron un gran poder durante los siguientes dos siglos, entrando también Wessex en el panorama político. A principios del siglo IX, el rey Egberto de Wessex demostró ser el más poderoso de todos, cuando su poderío militar superó al de la antigua potencia Mercia. Usando este valioso recurso, Egberto pacificó el antiguo dominio romano británico de Cornwall en el sur, ampliando así su reino e influencia. Además, se cree que Egberto se casó con la hermana de Carlomagno y creó un fuerte vínculo entre su propio reino y el de los francos, aunque algunos historiadores descartan esta idea.

El rey Egberto creó el Reino de Wessex, que tenía un poder sin precedentes, un reino que estaba a punto de unificar a toda Inglaterra.

---

[26]Ibidem.

# Capítulo Cinco - Alfredo el Grande

Alfredo de Wessex nació de padres reales en el año 849, pero como el más joven de muchos hijos, no estaba entrenado para ser rey.[27] Ansioso por aprender sus primeras letras y estudiar latín y poesía, el joven Alfredo recibiría una educación centrada principalmente en habilidades militares. Con Wessex y otros reinos en constante peligro de ataques de los daneses, era importante que Alfredo y sus tres hermanos mayores aprendieran a luchar y dirigir batallas. En 868, Alfredo comenzó su servicio militar al lado de su hermano, el rey Etelredo I.[28] Se unieron con el Reino de Mercia contra un gran ejército de vikingos que había desembarcado en Anglia Oriental tres años antes y se habían apoderado de Northumbria. Aunque los ejércitos ingleses combinados estaban preparados para luchar, los daneses se negaron, en cambio, se organizaron reuniones diplomáticas para hacer las paces. Ese sería el mismo año en que Alfredo se casaría con una princesa de Mercia llamada Ethelswitha;

---

[27] "Alfredo 'el Grande'". *La Familia Real.* Web.
[28] McDermott, Gary. "Alfredo el Grande: Guerras Vikingas y Reformas Militares". *Academia.* 2009.

este fue un movimiento político inteligente que alinearía más estrechamente los dos reinos en futuros esfuerzos.

Aunque la paz se ganó ese día en particular, de ninguna manera los daneses habían terminado con Inglaterra. Tenían una cultura de guerra y agricultura, y los invasores finalmente querían poseer sus granjas en algún lugar de las Islas Británicas. Con ese objetivo, a fines de 871 invadieron Wessex para hacer la guerra contra el rey Etelredo.[29] El rey murió en batalla, y como sus dos hermanos mayores también habían fallecido, la corona recayó en el que tenía menos oportunidades, Alfredo.

Como rey de Wessex, la principal preocupación de Alfredo sería defenderse de los ataques daneses. Marcharía a la batalla muchas veces con su ejército, generalmente logrando ganar o al menos elaborar un acuerdo de paz. Batallas notables fueron las de 876 y 878, durante las cuales Alfredo ganaría muchas ciudades.[30] Gran parte del reino se vio obligado a someterse a los asaltantes, pero el rey Alfredo se negaría. Se retiró a un búnker en el Pantano Somerset y armó su ejército antes de llevarlo a la victoria en la batalla de Edington en mayo de 878. Todavía decidido a quedarse en Inglaterra, el rey danés Guthrum o Gottorm se sometió a Alfredo y recibió tierras en Anglia Oriental a cambio de su bautismo cristiano de la mano de Alfredo.

La ceremonia bautismal del rey Guthrum incluyó al mismo rey Alfredo como su padrino. Después, los dos trabajarían juntos para encontrar una solución a su disputa, y Alfredo delinearía una franja específica de tierra en Anglia Oriental, donde se permitió establecerse a los daneses. A partir de entonces, muchos regresaron a Inglaterra, construyeron casas y comenzaron granjas familiares. Esta zona se describió formalmente en un tratado 886 firmado por ambas partes; una de sus fronteras corría a lo largo de la antigua carretera romana de Watling.[31] La tierra del tratado se conocería como Danelaw (del

---

[29] Ibidem.
[30] "Batalla de Edington". *Enciclopedia Británica*. Web.
[31] "Alfredo 'el Grande'". *La Familia Real*. Web.

inglés antiguo: Dena lagu), y abarcaba casi toda la mitad oriental de Inglaterra. Por lo tanto, Alfredo tomó el control de las áreas occidentales de Mercia y Kent, mientras que el rey Guthrum tomó el este de Mercia y parte del sur de Northumbria.

Después que el país se había dividido entre ellos, el rey Alfredo no confiaría ciegamente en la palabra de su homólogo danés y, aunque siempre siguió siendo diplomático, Alfredo centró sus esfuerzos en renovar el ejército de Wessex. Sabiendo que la prosperidad económica de su país dependía de su seguridad, Alfredo creó un sistema de rotación, en el que los soldados podían ser convocados rápidamente, pero algunos quedarían atrás para continuar cuidando los campos. Aunque las relaciones con los daneses siguieron siendo amigables, otros grupos de vikingos continuaron navegando hacia Inglaterra en busca de botín. Saquearon muchos de los monasterios de Inglaterra en busca del oro y las joyas que se guardaban allí. Esta destrucción no solo frustraría los esfuerzos del rey Alfredo por mantener una nación católica fuerte y estoica, sino también su deseo de que Inglaterra fuera una nación de clérigos altamente educados.

Para mejorar las instalaciones educativas en su reino, Alfredo amplió su conocimiento de lenguas extranjeras para poder ayudar a traducir textos que tenían en gran estima en otras partes de Europa, especialmente en Francia. Estos textos cubrían una variedad de temas, incluyendo historia, geografía, filosofía y administración. También patrocinó la *Crónica Anglosajona*, una obra histórica que comenzaba con las raíces de Wessex y pintaba al reino y al rey Alfredo con una luz benévola. El libro continuaría creciendo con agregados por al menos otros tres siglos después.

Una de las obras del mismo Alfredo fue la traducción del *Cuidado Pastoral* de San Gregorio Magno. San Gregorio Magno fue un papa del siglo VII cuya misión fue convertir a los anglosajones de Inglaterra al cristianismo. Su libro, el *Cuidado Pastoral*, fue una especie de guía para los miembros del clero en el cuidado de sus comunidades.

En la traducción del rey Alfredo, el rey escribiría lo siguiente en su prefacio:

> ...muy a menudo me viene a la mente que sabios había antes en toda Inglaterra, tanto de órdenes sagradas como seculares; y cuán felices fueron los tiempos en toda Inglaterra; y cómo los reyes que tenían poder sobre el pueblo obedecían a Dios y a sus ministros; y mantenían su paz, su moralidad y su poder dentro de sus fronteras, y también aumentaron los alcances fuera de su reino y cómo prosperaron tanto con la guerra como con la sabiduría; y también cuán interesada estaban las órdenes sagradas sobre la enseñanza y el aprendizaje, y sobre todos los servicios que deberían hacer por Dios; y cómo los hombres del extranjero llegaron a esta tierra en busca de sabiduría y enseñanza, y cómo ahora debemos obtenerlos del extranjero si los queremos. La sabiduría había caído tanto en Inglaterra que había muy pocos en este lado de Humber que pudieran entender sus rituales en inglés, o de hecho pudieran traducir una carta del latín al inglés; y creo que no había muchos más allá de Humber. Había tan pocos de ellos que no puedo pensar en uno solo al sur del Támesis cuando me convertí en rey. Gracias a Dios todopoderoso que ahora tenemos algún suministro de maestros. Por lo tanto, os ordeno que hagáis lo que creo que estáis dispuestos a hacer, que os liberéis de los asuntos mundanos tan a menudo como podáis, de modo que donde sea que puedas establecer esa sabiduría que Dios os dio, la establezcáis. Consideren qué castigos nos sobrevendrán en este mundo cuando no amamos para nada la sabiduría de nosotros mismos, ni la transmitimos a otros hombres; solo tendríamos el nombre de que éramos cristianos, y muy pocos los que seguíamos las prácticas.[33]

---

[33] "Traducción del Prólogo de la Prosa de Alfredo a la Atención Pastoral". *Universidad de Bucknell.* Web.

El rey Alfredo se entristeció por la forma en que Inglaterra había perdido gran parte de su conocimiento y cultura anteriores, y se esforzó por ayudar a devolver parte del mismo, al reino que gobernaba. Parte de sus estudios sobre el pasado de Inglaterra fue traducir este libro del latín al inglés contemporáneo y enviar una copia a cada uno de los obispos de su país. Por su meticuloso trabajo sobre cómo manejar las amenazas externas e internas a Wessex, expandiendo su reino para abarcar al menos la mitad de la Inglaterra moderna y organizar su reino para proporcionar mano de obra, bienes y guerreros de manera más eficiente, Alfredo el Grande garantizaría la continuación de la línea familiar de su realeza para las generaciones venideras.

# Capítulo Seis - Danelaw

Por medio de una serie de conquistas que tuvieron lugar fuera del tratado de los daneses con el rey anglosajón Alfredo, los colonos daneses pudieron mantener una gran parte de Inglaterra. Las bandas de Vikingos que llegaban hicieron sus propios acuerdos con los reyes de Danelaw, expandiendo así la población de la región. Aunque los daneses no establecieron durante todo el período de Danelaw, cultivaron un gran respeto por sus vecinos debido a sus logros militares. Como sugiere el nombre de la región, Danelaw (Tierra bajo ley danesa) estaba bajo la autoridad de sus líderes y leyes.

El rey Guthrum, después de hacer un trato con el rey Alfredo, cambió su nombre a Atelstán después de convertirse al cristianismo y se estableció en un tramo sur de Danelaw que llamó el Reino de Guthrum. Al este, donde el rey de Mercia había sido expulsado por los vikingos, estaba la Mercia danesa. Esta estaba bajo el mando de cinco ejércitos daneses diferentes que establecieron cinco ciudades como sus bases políticas: Derby, Leicester, Lincoln, Nottingham y Stamford. Fueron llamados los Cinco Distritos, y cada ciudad estaba rodeada por un muro fortificado para mantener dentro seguros a los residentes.

Existían muchas diferencias administrativas entre los anglosajones y los daneses de Inglaterra, incluida la presencia de una gran cantidad de campesinos trabajadores que eran leales a su señor. Para los anglosajones, los campesinos estaban unidos a la tierra que trabajaban, mientras que los campesinos daneses podían moverse mucho más libremente. Estos últimos fueron llamados *sokemen*.[33] Mantener la paz fue una faceta importante dentro de estos distritos daneses, y no seguir las cartas de la ley danesa significaba enfrentarse a un comité de aristócratas locales que eran responsables de impartir castigos o decidir si el acusado debía ser liberado.

York era la capital de todo Danelaw, y lo seguiría siendo durante más de siete décadas después de su exitosa invasión por el ejército del líder vikingo Halfdan Ragnarsson, hipotéticamente hijo del legendario rey vikingo Ragnar Lodbrok. De hecho, fue la muerte de Lodbrok a manos del rey Aella de Northumbria lo que les dio a los hijos de Ragnar motivos para atacar a Northumbria en primer lugar. Habiéndolo hecho en nombre de su padre, Halfdan y su hermano Ivar el Deshuesado se conformaron con nada menos que el control total de Northumbria. Mientras Ivar conquistó la capital de Irlanda y obtuvo el título de "rey de Dublín", Halfdan se quedó en York y lideró un ataque fallido contra Wessex. Murió en 877, intentando recuperar el territorio irlandés de su hermano muerto Ivar.[34]

A Halfdan lo sucedió otro vikingo llamado Godofredo; este último moriría unos años más tarde y finalmente sería reemplazado por Ragnall. Ragnall, anunciado como nieto de Ivar el Deshuesado, luchó contra los escoceses al norte de York y ganó el control de todo el norte de Inglaterra en 916.[35] Satisfecho con el reino que había

---

[33] "Danelaw". *Enciclopedia Británica*. Web.
[34] *Anales de Ulster*. Sacado de CELT: Corpus de textos electrónicos en University College Cork. El Corpus de textos electrónicos incluye los Anales de Ulster y los Cuatro Maestros, el Chronicon Scotorum (Crónica escocesa) y el Libro de Leinster, así como las genealogías y las diversas vidas de los santos. La mayoría están traducidas al inglés o hay traducciones en curso.
[35] "Los Reyes Vikingos de York". *Monarcas Ingleses*. Web. 2018.

acumulado para sí mismo y su pueblo, en 921 Ragnall prometió lealtad al rey anglosajón Eduardo el Viejo el hijo del rey Alfredo.[36] Este acuerdo de paz entre los vikingos y los anglosajones fue un movimiento sabio por parte de Ragnall, ya que el rey Eduardo había dado pasos impresionantes para quitar piezas de Danelaw del control vikingo y agregarlas nuevamente a su dominio.

El rey Eduardo heredaría el trono de Wessex después de la muerte de su padre Alfredo en 899.[37] Sin embargo, su corona no estaba segura, y para mantener el trono, Eduardo fue arrojado a la guerra con su primo Ethelwold que aspiraba a usurparle el trono. Ethelwold estaba aliado con los daneses y vikingos, mientras que Eduardo tenía la intención de eliminar tantos vikingos como pudiera de la tierra con su poderoso ejército. Ethelwold fue muerto en batalla en 902, dejando a Eduardo para que siguiera con sus objetivos políticos.[38] Se tomó su tiempo para reunir y entrenar soldados antes de probarlos contra los daneses en Northumbria en 912, y volvió victorioso. Comenzó a construir una colección de fortificaciones alrededor de Wessex desde 910 hasta aproximadamente 916, y cuando sus defensas y su ejército estaban adecuadamente preparados, comenzó una serie de ataques contra las fortalezas de Danelaw.

El rey Eduardo no estaba solo en sus esfuerzos. La reina Ethelfleda de Mercia, hermana del rey, comandaba sus propias estrategias militares complementarias junto a su hermano, fortaleciendo gran parte de la región Central de Inglaterra. Tras la muerte de su esposo en el 911, Ethelfleda fue honrada con el título muy raro de reina de Mercia. También llamada la Dama de los mercios, Ethelfleda dirigió campañas militares varias veces para proteger su reino de los invasores vikingos. En 917, ella y Eduardo lanzaron un ataque contra el danés Anglia Oriental que fue un gran

---

[36] Ibidem.
[37] "Eduardo, Rey Anglosajón". *Enciclopedia Británica*. Web.
[38] Ibidem.

éxito.[39] Al año siguiente, los vikingos de Leicester se rindieron a la reina sin pelear una sola batalla. Aunque la *Crónica Anglosajona* apenas se digna a mencionar las hazañas de la Dama de los mercios, probablemente debido a su cultura completamente centrada en los hombres, el *Registro Mercio* da cuenta de sus muchos hechos.

Tras la muerte de Ethelfleda por enfermedad en junio de 918, Eduardo asumió el control de Mercia, y para fin de año, los últimos ejércitos daneses en la Región Central se habían sometido.[40] A medida que Wessex crecía, el rey Eduardo siguió presionando para despejar la tierra de los vikingos, y en 920, forzó la sumisión de Northumbria.[41] Durante el reinado del hijo y sucesor de Eduardo, el rey Atelstán, finalmente se lograría la unificación total de Inglaterra. Atelstán fue el primer gobernante en usar el título de "rey de los Ingleses", y en las monedas de plata acuñadas bajo su autoridad se imprimieron las palabras latinas *Rex totius Britanniae*, que significa "rey de toda Britania".[42]

---

[39] Ibidem.
[40] Ibidem.
[41] Ibidem
[42] "Athelstan, Rey de Inglaterra". *Enciclopedia Británica*. Web.

# Capítulo Siete - La Conquista Normanda

Normandía se encontraba al otro lado del canal de la Mancha, al sur de Inglaterra, y a poca distancia del Reino de los francos. La tierra resultaría imperiosa para los vikingos de principios del siglo X, y en 911, el rey Carlos III de Francia Occidental no tuvo más remedio que ofrecerla a la banda de vikingos más poderosa y peligrosa con la que se había encontrado.[43] Esos vikingos estaban liderados por Rollo y, bajo su autoridad, aceptaron gozosamente la tierra alrededor de la costa noroeste de la Francia moderna. El pueblo de Rollo envió a buscar a sus familias y se estableció en la región de forma permanente, aprendiendo a comportarse a la manera francesa y hablar francés entre ellos. Se los llamaría los hombres del norte, y finalmente se los conocería como los normandos, y su tierra como Normandía.

En el siglo XI, Normandía mantenía estrechos lazos políticos con Inglaterra debido a los matrimonios mixtos entre los dos reinos. La madre del rey Eduardo el Confesor de Inglaterra era normanda, por lo tanto, el rey tenía primos al otro lado del canal. Durante un

---

[43] "Normandía". *Enciclopedia Británica.* Web.

momento de incertidumbre política en su juventud, Eduardo incluso fue enviado a vivir a Normandía hasta que tuvo la edad suficiente para reunirse con su familia en la corte inglesa. Cuando Eduardo se convirtió en rey de Inglaterra en 1042, invitó a varios de sus camaradas normandos a unirse a él en la corte, lo que creó celos entre las poderosas familias de Mercia y Wessex.

Imprudentemente, el rey Eduardo el Confesor prometió dejar su corona a varios potenciales herederos. Como no tenía hijos propios, podía haber nombrado a Guillermo, duque de Normandía, como su sucesor. Probablemente en preparación para su ascenso, Guillermo se casó con Matilda de Flandes, una descendiente del rey Alfredo el Grande. Desafortunadamente para Guillermo, parece que el rey Eduardo hizo una promesa de herencia similar a Harold Godwinson, Conde de Wessex.

En su lecho de muerte el 5 de enero de 1066, el testamento del rey Eduardo estaba a favor de que lo sucediera Harold, y fue coronado al día siguiente. Para Guillermo de Normandía fue un problema, ya que Harold había acordado previamente postularse el mismo a la corona de Inglaterra. Además, el hermano de Harold, Tostig, y el rey Harald III Hardrada de Noruega también habían puesto sus ojos en el trono de Inglaterra. Tan pronto como el rey Harold II de Inglaterra fue declarado rey de Inglaterra, sus enemigos comenzaron a moverse, comenzando por su hermano Tostig.

A principios del verano de 1066, Tostig incursionó en el sur y el este de Inglaterra. Harold II logró detenerlos durante los meses cálidos, pero se vio obligado a disolver su ejército cuando se agotaron los suministros y los granjeros necesitaron cosechar sus campos. Pasó poco tiempo antes de que Tostig y Harald Hardrada decidieran unir fuerzas contra Harold II. El 25 de septiembre, las dos partes se encontraron en Yorkshire, donde libraron una decisiva batalla en el puente de Stamford. Ambos aspirantes a usurpadores fueron asesinados por las fuerzas de Harold II, dejando solo a Guillermo de Normandía para luchar con el rey inglés.

Guillermo arribó al sureste de Inglaterra con varios miles de soldados solo tres días después de la batalla en el puente de Stamford. Con aproximadamente el mismo número de soldados, el rey Harold II se apresuró a ir hacia el sur para encontrarse con su último enemigo en Hastings el 14 de octubre.[ii] Después de muchas horas de feroz batalla, el rey de Inglaterra recibió una flecha en el ojo y fue asesinado, aunque en realidad, hay cierto desacuerdo sobre cómo murió. Aun así, aquellos leales a él lucharon durante varias horas más, antes que finalmente se retiraran para huir.

Guillermo pasó a reclamar Londres y allí fue recibido por varios líderes políticos, que se le sometieron. Fue coronado rey de Inglaterra el día de Navidad de 1066. Sus cambios políticos en el reino resonarían durante un milenio e influirían en gran medida en la forma en que los futuros monarcas ingleses organizaron y gobernaron su reino. El gobierno de Guillermo se caracterizó principalmente por la construcción de muchos grandes e impenetrables castillos, como la Torre Blanca de Londres. También llevó a cabo una enorme reorganización de las propiedades de la tierra en todo el reino, asegurándose que los miembros de su familia normanda y partidarios leales se convirtieran en los propietarios más importantes del reino. Como consecuencia, el francés se convirtió en el idioma principal de la corte inglesa.

Veinte años después de haber subido al trono, el rey Guillermo I de Inglaterra, también llamado Guillermo el Conquistador, una vez más estaba en peligro por los posibles usurpadores del trono. Esta vez, la amenaza venía del rey Canuto IV de Dinamarca. Fue necesario que Guillermo I consolidara todos sus hombres disponibles para la lucha y recursos para luchar con una defensa adecuada. Sabiendo que requería de soldados mercenarios, Guillermo también sabía que necesitaba encontrar el dinero para pagarles. Desafortunadamente, el rey no estaba seguro de cuáles eran sus recursos ya que no había registros que detallaran dicho inventario. Entonces, Guillermo exigió

---

[ii] "La Conquista Normanda". *Enciclopedia Británica*. Web.

que se hiciera un inventario detallado de todas las tierras inglesas, públicas y privadas. Esa gran empresa se convertiría en el Libro Domesday. El libro en sí no se titulaba así, pero rápidamente se ganó el apodo de "Domesday" como una metáfora del libro bíblico del juicio.

Para completar el Libro Domesday, se requerían muchos peritos. Estos expertos hicieron un inventario muy completo del reino, hasta el número de cerdos que poseía cada hogar. Se propusieron registrar todos los objetos de valor ubicados en cada ciudad y mansión. Las intenciones de Guillermo estaban claras: quería saber quién poseía qué y cuánto le debía cada propiedad o ciudad en impuestos o servicios. También registra qué mansiones pertenecían a qué terrateniente y qué nobles le debían servicio militar como caballero.

El libro, escrito en Latín Medieval, tenía algunos agregados en el estilo vernáculo anglosajón y francés de estilo normando. Estos, así como muchas abreviaturas, han hecho que la traducción del libro sea bastante difícil, pero ciertamente cumplió su propósito lo suficientemente bien para el rey Guillermo. Su inventario no solo le permitió calcular el valor de los impuestos futuros sobre su reino, sino que sus inspectores también recaudaron sumas que se le debían al rey Eduardo el Confesor después de su muerte. Por lo tanto, Guillermo encontró un gran apoyo financiero para su defensa contra Dinamarca.

Afortunadamente para Guillermo I, el rey Canuto IV fue asesinado por rebeldes antes de que Guillermo pudiera zarpar de Europa continental, donde había pasado gran parte de su tiempo. Inglaterra estuvo una vez más en manos de los normandos, y lo seguiría estando durante más de medio siglo.

# Capítulo Ocho – La Carta Magna

Juan el Angevino, también conocido como Juan sin Tierra se convirtió en rey de Inglaterra en 1199 después de que su hermano, el rey Ricardo I, fuera asesinado en Francia. Tanto Juan como Ricardo eran descendientes directos de Guillermo I, aunque los agregados al árbol genealógico significaban que ahora representaban a la Casa Plantagenet, a veces también conocida como Anjou. La mayor parte del gobierno de Juan se centró en la recuperación de Normandía y otras tierras del continente que anteriormente habían estado bajo la autoridad inglesa. Mientras la guerra se desataba constantemente en Francia, Juan luchó por gobernar sobre un mosaico caótico de regiones administrativas que podían ser muy impredecibles. El suyo fue un reinado violento, y el uso de la fuerza ejercida por el rey Juan para tomar lo que necesitaba de su pueblo estaba justificado por su creencia de que él estaba por encima de la ley.

En 1215, tras otro intento de recuperar las tierras francesas sin éxito, Juan se vio obligado a pedir la paz a su enemigo. Francia exigió una compensación que llevó al rey inglés a la bancarrota. Cuando Juan regresó de Francia, descubrió que los barones rebeldes habían formado una oposición aliada a su gobierno en el norte y este de Inglaterra. Su corona y su vida estaban en peligro ya que estas familias unidas controlaban una gran parte de la tierra. Los rebeldes eran miembros de la nobleza y, como tales, en sus condados se los consideraba líderes locales. Si su voluntad fuera cazar al rey con un ejército y reemplazarlo, tal cosa podría hacerse.

En defensa del rey Juan, el papa Inocencio III escribió varias cartas afirmando que Juan era el gobernante legal y legítimo de Inglaterra. Las cartas resultaron ineficaces con los rebeldes, particularmente porque para entonces, los nobles se habían unido y habían comenzado a formar un ejército. La única opción viable para el rey era la diplomacia, y aunque esta no era su fuerte, el rey Juan se reunió con los manifestantes en Northampton para discutir un acuerdo. Para su crédito, Juan tuvo mucho éxito en su esfuerzo por parecer moderado y conciliador, pero la reunión fue inútil. Los rebeldes se fueron a Londres y la ganaron para su causa, momento en el cual mucha más gente se unió a su brigada.

Cuando se les ofreció otra reunión con el Papa como su único árbitro, los rebeldes se negaron a favor del arzobispo de Canterbury, Stephen Langton. Langton, que ya había estado dialogando con el grupo militante, acordó ayudar a crear un contrato formal entre el pueblo de Inglaterra y el rey. Con ese fin, los realistas y los rebeldes se reunieron nuevamente el 10 de junio de 1215 en un prado en el lado sur del río Támesis, llamado Runnymede.[45] Allí, los rebeldes presentaron al rey Juan "Los Artículos de los Barones", que era una lista aproximada de sus demandas. Con la ayuda del arzobispo de Canterbury, estas demandas se enmendaron en el documento formal que eventualmente se denominaría la Carta Magna, o "Gran Documento".

Algunas de las cláusulas clave del acuerdo son las siguientes:

> JUAN, por la gracia de Dios Rey de Inglaterra, Señor de Irlanda, Duque de Normandía y Aquitania, y Conde de Anjou, a sus arzobispos, obispos, abades, condes, barones,

---

[45] "Cronología de la Carta Magna y su Legado". *Biblioteca Británica*. Web. 28 julio, 2014.

jueces, silvicultores, alguaciles, mayordomos, sirvientes, y a todos sus funcionarios y súbditos leales, Saludos.

Si algún conde, barón u otra persona que posea tierras directamente de la Corona, para el servicio militar, muera y, a su muerte, su heredero sea mayor de edad y deba un "alivio", el heredero tendrá su herencia mediante pago de la antigua escala de "alivio".

Ni nosotros ni nuestros funcionarios incautaremos ninguna tierra o renta en pago de una deuda, siempre que el deudor tenga bienes muebles suficientes para pagar la deuda.

Ningún hombre libre será capturado o encarcelado, o despojado de sus derechos o posesiones, o ilegalizado o exiliado, o privado de su posición de ninguna manera, ni procederemos con fuerza contra él, ni enviaremos a otros a hacerlo, excepto por el juicio legal de sus iguales o por la ley de la tierra.

Damos y otorgamos a los barones la siguiente seguridad: los barones elegirán veinticinco de sus miembros para mantener y hacer observar con todas sus fuerzas la paz y las libertades otorgadas y confirmadas por esta carta.[46]

La primera cláusula de la Carta Magna garantiza la independencia de la Iglesia inglesa del rey. Esa norma tenía la intención específica de evitar que el rey interfiriera con lo que la Iglesia estaba haciendo y le otorgara el derecho de elegir sus propios miembros en lugar de que el rey los seleccionara. El nombramiento del arzobispo de Canterbury había estado en manos del rey Juan y el papa, y la primera disposición del nuevo documento tenía por objetivo asegurar que ya no surgieran las dificultades sobre quién estaría en estas posiciones clave. El significado de esta parte de la Carta Magna muestra cuánto poder y significado tenía la Iglesia católica en la antigua Inglaterra. También

---

[46] "Traducción al inglés de la Carta Magna". *Biblioteca Británica.* Web. 28 julio, 2014.

muestra por qué las iglesias de Inglaterra estarían tan a la defensiva de la Carta Magna en los años posteriores a su firma.

De hecho, el rey Juan sí firmó el documento después de una semana de conferencias con ambas partes y con el arzobispo de Canterbury. El propósito general de la Carta Magna era reducir el poder del rey para tomar dinero, gente y tierras que quería de sus ciudadanos. En cuanto al rey Juan, recibió la renovada lealtad, al menos en el papel, de sus nobles barones.

Pocas semanas después, el rey Juan se quejó al papa Inocencio III de que la carta había puesto en peligro la condición del papa en Inglaterra. Mientras tanto, finalmente llegaron las cartas del papa en las que proclamaba que todos los señores rebeldes serían excomulgados de la Iglesia. También removió a Langdon de su puesto. Una vez que se dio cuenta de los procedimientos entre Langdon, los rebeldes y el rey, el papa Inocencio respondió que el acuerdo no solo era vergonzoso sino completamente ilegal. Además, los barones debían entregar Londres antes del 15 de agosto como parte del acuerdo de paz de junio, que no cumplieron.

Como ninguna de las partes estaba interesada en cumplir con las estipulaciones de su propio acuerdo, Inglaterra se disolvió en una guerra civil. Al año siguiente, el rey Juan murió de disentería mientras la guerra continuaba en la parte oriental del reino. Su hijo, Enrique, de solo nueve años, heredó la pesada corona de Inglaterra en octubre de 1216.[47] Finalmente en 1217, las fuerzas reales prevalecieron sobre los ejércitos combinados de los barones y sus partidarios franceses, pero aún subsistía una incómoda convivencia entre los nobles y la casa real. En 1225, el rey Enrique III acordó cumplir con una nueva versión del documento que había firmado su padre. Llamado la Gran Carta, este documento pedía menos poder real y la protección de los derechos de los barones más influyentes. En los siglos venideros, sería la legislación más promocionada en Inglaterra.

---

[47] "Enrique III". *Enciclopedia Británica.* Web.

# Capítulo Nueve - La Peste Negra

A medida que la población de Inglaterra y Europa crecía a pasos agigantados a lo largo de la Edad Media, también lo hacía el riesgo de contraer enfermedades mortales. La higiene personal era prácticamente desconocida durante el período medieval temprano en Inglaterra, y sin jabón, la gente usaba su orina para lavar la ropa y otros textiles. Sin el lavado de manos, el baño habitual, el agua limpia para beber y el conocimiento de los hábitos de cocina limpia, la gente estaba rodeada de suciedad, bacterias y espantosos olores. Las infecciones eran muy comunes, e incluso la lesión más leve podía llegar a ser mortal debido a la falta de atención adecuada. Los virus y las enfermedades se propagan fácilmente, pero en siglos anteriores, no había habido nada como la enfermedad mortal que llegó a Inglaterra a mediados del siglo XIV.

Aunque nadie está seguro de cómo llegó la peste por primera vez a Inglaterra, si la transportó una rata infectada o una persona enferma, la primera noticia que recibieron los ingleses de la enfermedad fue en 1347.[48] Según fuentes del extranjero, una enfermedad horrible, mortal e incurable se propagaba desde Asia hasta el norte de África y Europa. Solo un año después, en el otoño de 1348, Londres fue

---
[48] "Las Plagas de Londres 1348-1665". *Museo de Londres.* Web.

azotado por la misma enfermedad.[49] Durante el siguiente año y medio, aproximadamente la mitad de todos los londinenses morían por la peste, esto es 40.000 personas.[50] La terrible enfermedad que afectó a tantos durante este período, recibiría muchos nombres incluida la "gran muerte", pero el nombre más formidable y duradero sería "la peste negra", un término que no estaría en uso hasta el siglo XVII

La ruta de la cepa original de la peste parece haber azotado por primera vez el sur de Inglaterra en el verano de 1348 antes de moverse hacia el norte, con clima más frío.[51] En septiembre la enfermedad azotaría a Londres primero , y muy pronto, en los primeros meses de 1349, se trasladaría a Anglia Oriental y a lo largo de la costa.[52] En la primavera, la peste se podía encontrar en las Tierras Medias y Gales, y para el verano, cruzaba el mar de Irlanda. En cuanto a Escocia, la nación del norte evidentemente no fue azotada por la peste hasta 1350, que puede o no haber tenido algo que ver con la incursión escocesa al sur de la frontera en Durham el año anterior.[53]

La plaga misma se presentaba de diversas maneras en diferentes víctimas. En general, el primer síntoma de infección era una gran zona inflamada en la superficie de la piel. Estos eran ganglios linfáticos, donde se transportaba la mayor parte de las bacterias, y en cuestión de horas, la infección aumentaría a proporciones dolorosas. La peste bubónica, llamada así por esos dolorosos "bubones" de las axilas, la ingle o el cuello, pasaba entre las pulgas y sus víctimas. Los bubones se volvían de color naranja, luego púrpura oscuro o negro, y la muerte llegaba en cuestión de días debido a la infección que se extendía al torrente sanguíneo de la víctima. En algunos casos, la

---

[49] Ibidem.
[50] Ibidem.
[51] Ibeji, Dr. Mike. "Muerte Negra". *BBC.* Web. 2011.
[52] Ibidem.
[53] Ibidem.

infección se propagaba a los pulmones y sus víctimas tosían y estornudaban. En estos casos, era posible la infección entre personas, lo que se conocía como la peste neumónica.

En las calles de Londres, había tantos muertos por la enfermedad que fueron enviados para ser enterrados juntos en fosas comunes. No había tiempo ni espacio para los rituales o velar a los difuntos; los cuerpos eran retirados lo más rápido posible para evitar el hedor a cadáveres descompuestos. En algunos lugares, como una fosa común descubierta por los arqueólogos en la Casa de Moneda Real cerca de la Torre de Londres, los cuerpos se encontraban apilados de a cinco, los cuerpos más pequeños de los niños aplastados en los huecos entre los adultos.[54] Para 1350, la peste negra había matado a millones de personas, cambiando para siempre la forma y el futuro de Inglaterra.[55]

En un esfuerzo por explicar por qué la enfermedad había golpeado tan violentamente, tanto filósofos como médicos reflexionaron sobre si se trataba de un castigo de Dios, ya sea a individuos o a Inglaterra como nación. Algunos se preguntaban si la enfermedad había sido pronosticada en las estrellas, un resultado maligno del mal alineamiento planetario o los movimientos de las estrellas. Otros incluso especulaban que los de la fe judía de alguna manera estaban envenenando a los cristianos; de hecho, suficiente gente se lo creyó como para provocar incidentes de genocidio contra el pueblo judío que vivía en Inglaterra. Para la gente cuyas vidas giraban en torno a la religión, ver a tantos miembros de la familia, amigos y vecinos sufrir y morir parecía el principio del fin del mundo. Los sobrevivientes y los enfermos hablaban del Armagedón, mientras que muchos otros se sentían aterrorizados y superados por la manía.

El ritmo de la epidemia en el mundo medieval fue aterrador. Aunque se creía que los síntomas de la peste tardaban unos siete días en aparecer, una vez que aparecía un bubón, a veces a las víctimas solo le quedaban unas pocas horas de vida. A medida que la gente

---

[54] Ibidem.
[55] Ibidem.

moría de a miles, crecía la escasez de mano de obra, algo que era difícil de manejar. En las granjas, las fuertes lluvias y la disminución de agricultores significaban que, si bien algunos cultivos se descuidaron por completo, otros se pudrieron en el suelo. Muy pronto, no solo hubo escasez de trabajadores, sino también de alimentos. Los sobrevivientes pugnaban por alimentarse, lo que significaba que ahora había una población con un sistema inmune debilitado, que podía ser presa de la peste.

Mucha gente, presa del miedo, comenzó a hacer penitencia pública como una forma de pedirle perdón a Dios por lo que sea que hubieran hecho mal para traer la enfermedad. Algunas de estas personas optaron por azotarse a la vista de sus vecinos y familias, ganándose el nombre colectivo de "Flagelantes"[56]. Los más celosos de estas vestían túnicas blancas y recorrían el país con una gran cruz y azotándose hasta sangrar. Sir Robert de Avesbury, un inglés contemporáneo que presenció este ritual escribiría el siguiente informe:

> En ese mismo año de 1349, alrededor de Michaelmas, Día de San Miguel Arcángel (29 de septiembre) más de seiscientos hombres llegaron a Londres desde Flandes, principalmente de origen zelandés y holandés. A veces en San Pablo y otras en otros puntos de la ciudad, hacían dos apariciones públicas diarias con paños desde los muslos hasta los tobillos, pero por lo demás desnudos. Cada uno llevaba una gorra marcada con una cruz roja delante y detrás.

Cada uno tenía en su mano derecha un azote con tres colas. Cada cola tenía un nudo y, en el medio, a veces había clavos afilados fijados. Marchaban desnudos en una fila uno detrás del otro y se azotaban con estos azotes en sus cuerpos desnudos y sangrantes.[57]

---

[56] "Los Flagelantes Intentan Repeler la Peste Negra, 1349". *Testimonio de la Historia*. Web. 2010.
[57] Reimpreso en "Los Flagelantes Intentan Repeler la Peste Negra, 1349". *Testimonio de la Historia*. Web. 2010.

En un año, el número de muertos y moribundos comenzó a disminuir, pero el brote de peste original no disminuyó significativamente durante otro siglo. Como resultado del grave golpe a la población de Inglaterra, la escasez de mano de obra golpeó un punto crítico, por lo que todo el sistema económico comenzó a cambiar. La tierra que tradicionalmente se había utilizado para la agricultura quedó abandonada, y se introdujeron más animales de pastoreo en los pastizales. Los salarios cayeron bruscamente justo cuando los precios subían. Los legisladores intentaron forzar una vuelta a los salarios previos a la plaga, pero la economía estaba tan desequilibrada que resultaría imposible. Los propietarios comenzaron a alquilar sus tierras y hogares para obtener ingresos, y mucha gente se mudó para encontrar un centro urbano cercano relativamente próspero con empleos decentes disponibles.

Incluso una vez que se desacelerara el primer brote y parecía disminuir, Inglaterra no estuvo libre de la peste. Después de 1348, cada dos o tres décadas se producía otro brote importante, y cada vez que golpeó, alrededor del veinte por ciento de la población de Londres era aniquilada. Entre las principales apariciones de peste, la bacteria todavía quedaba viva, solo que a menor escala. Por supuesto, la teoría moderna de los gérmenes no existiría sino hasta el siglo XIX y, por lo tanto, nadie podía entender de dónde venía la enfermedad o cómo se propagaba. No existían medicamentos útiles para contrarrestar las infecciones agudas y poderosas dentro del cuerpo, por lo que las víctimas de la peste a menudo morían después de mucho sufrimiento. El número de víctimas infectadas siempre fue siempre mayor durante el calor del verano, especialmente en áreas urbanas abarrotadas como Londres.

La familia real y otros aristócratas ricos que podían permitirse el lujo de abandonar la ciudad tenían la costumbre de hacerlo antes de que la temporada de peste golpeara cada verano. Estos pocos afortunados se retiraban a la relativa seguridad del campo aislado, donde las tasas de infección eran bajas, ya que las interacciones sociales mínimas mantenían a raya a los gérmenes. En cuanto a los pobres de las ciudades que no podían permitirse el lujo de dejar de trabajar ni encontrar alojamiento asequible fuera de sus hogares, simplemente tenían que quedarse y rezar por la protección de Dios.

La devastación de la peste negra fue tan grande que comenzó a estructurar la columna vertebral económica de la sociedad medieval temprana, conocida como feudalismo. Los propietarios no tuvieron más remedio que permitir que sus criados por contrato deambular por el campo en busca de comida, refugio y trabajo. De esta manera, la plaga obligó a la sociedad inglesa a reorganizarse de tal manera que cada vez menos y menos de los ciudadanos más pobres del país vivirían una vida de servicio forzado.

# Capítulo Diez - La Dinastía Tudor

La dinastía real Tudor comenzó el 22 de agosto de 1485, cuando Enrique Tudor y sus seguidores ganaron la batalla de Bosworth. Enrique y era sobrino del difunto rey Enrique VI de la Casa Lancaster, y aunque tenía una conexión algo distante con la corona, encontró un gran apoyo para ganarla con la ayuda de su madre, Lady Margaret Beaufort. La victoria en Bosworth contra el rey de York Ricardo III marcó el final de la guerra de las Dos Rosas en curso, en la que dos facciones rivales de la familia real, los York y los Lancaster, habían luchado por afirmar su dominio.

Enrique VII era técnicamente el más cercano en sus relaciones con los Lancaster, por lo que uno de sus primeros puntos a negociar como el nuevo rey fue unir formalmente con una boda ambos lados de la fracturada familia. Se casó con Isabel de York, la sobrina del anterior rey de York Eduardo IV, y se aseguró el futuro teniendo rápidamente un heredero con sangre mezclada para heredar el trono. El hecho se concretó en septiembre del año siguiente, con el nacimiento de Arturo, príncipe de Gales. Con eso, el emblema de la rosa roja que representaba a los Lancaster y el de la rosa blanca que representaba a los York se mezclaron en la rosa Tudor de ambos colores.

El país que ganara el rey Enrique VII era tumultuoso, en el un gran parte del poder estaba en manos de la nobleza y relativamente poco en manos del monarca gobernante. Durante los treinta años anteriores, cinco reyes habían ocupado el trono de Inglaterra, y muchos de ellos habían podido usurpar el poder por completo gracias al respaldo de familias nobles ricas cuyos ejércitos y fondos despejaban el camino. La victoria misma de Enrique VII se debió a dichas maniobras políticas, y para evitar que continuara el interminable desfile de monarcas, reorganizó la forma en que se tenía el poder en todo el reino.

Enrique creó nuevas familias nobles cuya lealtad hacia el rey era fuerte para ayudarle a reforzar su posición entre las familias ricas del reino. Además, creó un sistema de gobierno local en el que cada municipio de Inglaterra era administrado por un juez de paz y un alguacil, ambos nombrados personalmente por Enrique. Aunque los monarcas anteriores habían gobernado con los mismos métodos, el sistema se había desmoronado por completo en el transcurso de las guerras de las Rosas y, por lo tanto, Enrique VII puso una inmensa energía y recursos en su restablecimiento. En regiones donde el rey no confiaba en la familia en el poder, utilizó una variedad de métodos para reemplazar a esa familia por una cuya lealtad no cuestionaría. Enrique también arregló para que el miembro con autoridad en una región no fuera realmente un terrateniente mayoritario allí.

Se considera que el matrimonio del rey Enrique fue un éxito, no solo porque unió a dos facciones en guerra de la línea real Plantagenet, sino también porque, según los informes, esposo y esposa se querían mucho. Tuvieron cuatro hijos: Arturo, Margarita, Enrique y María. Arturo, príncipe de Gales, fue criado para que fuera el próximo rey Tudor, y él y sus hermanos recibirían una buena educación en preparación para que en su adultez participaran en familias reales o políticas en el extranjero. Fueron criados en la fe católica, como había sido tradicional para los monarcas y nobles de Inglaterra desde el gobierno del rey Alfredo el Grande en el siglo IX.

Durante este período y a pesar de compartir la religión, Inglaterra y España estaban en términos inciertos entre sí, por lo que Enrique VII arregló para que su hijo mayor se casara con una princesa española, Catalina de Aragón. Los prometidos se escribían cartas en su idioma común, el latín, como era el estilo en Europa durante el período del Renacimiento. Las cartas eran agradables y amorosas, y cuando la pareja finalmente se casó, ambas alrededor de los quince años, en 1501, la suya fue una unión feliz.[58]

Desafortunadamente, ambos recién casados contrajeron una enfermedad grave cuando se establecieron en su nuevo hogar en Ludlow. Catalina se recuperó, pero Arturo sucumbió cinco meses después de la boda. Enrique VII estaba devastado por la repentina pérdida de su hijo y heredero, y se encerró en habitaciones privadas durante meses tratando de lidiar con su dolor. La depresión se agravaría con la muerte de la reina Isabel al año siguiente.

Cuando salió del luto, Enrique VII era un hombre más solemne pero aún muy capaz. Todavía con la intención de cultivar una buena relación con España, el rey Enrique VII, finalmente, decidió que su hijo más joven Enrique debía casarse con Catalina de modo que todavía podría ser la reina de Inglaterra. Enrique estuvo de acuerdo y se casaron siete años después de la muerte de Arturo en 1509.[59] La boda siguió a la muerte del rey Enrique VII y la coronación posterior de Enrique VIII, tuvo lugar justo en la cúspide de su decimoctavo cumpleaños.

El rey Enrique VIII se convertiría en una parte asombrosamente curiosa de la historia debido a su determinación de divorciarse de su esposa después de más de veinte años de matrimonio. De hecho, fue tan lejos como para romper la conexión de Inglaterra con la Iglesia

---

[58] "14 de noviembre de 1501". *Los Archivos de Ana Bolena*. Web. 2014.
[59] Lehman, H. Eugene. *Vidas de las Reinas Reinantes y Consortes de Inglaterra*. 2011.

católica, declarándose a sí mismo como el jefe de la Iglesia de Inglaterra, únicamente para legitimar su divorcio. La Reforma principal de la iglesia de Inglaterra se produjo en 1533, el mismo año en que el rey Enrique VIII se casaría por segunda vez con un miembro protestante de una familia pro- reforma, Ana Bolena.

El nuevo matrimonio era muy deseado por el rey porque estaba desesperado por un hijo varón; Catalina de Aragón había estado embarazada varias veces, pero solo dio a luz a una niña sana, María Tudor. Ana Bolena era la nueva esperanza de Enrique de un hijo varón, y como no creía que las mujeres heredaran el trono, esto era de suma importancia para él. El rey estaba muy contento cuando su joven esposa quedó embarazada, lo que probablemente ocurriera antes de que la boda realmente se llevara a cabo, ya que dio a luz un bebé solo seis meses después de la ceremonia. Sin embargo, según algunas fuentes, ya había tenido lugar una boda secreta en noviembre de 1532.[60]

Sin embargo, a pesar de que el nacimiento de Isabel Tudor fuera muy preconizado por su padre y el futuro reino, su sexo fue una decepción. Sobre los hombros de Ana había pesado una gran responsabilidad sobre la cual no tenía control: la tarea de concebir y dar a luz hijos varones. Cuando apareció una niña el 7 de septiembre de 1533, los católicos de Inglaterra y de toda Europa tenían una razón más para condenar al rey Enrique VIII por su eliminación de la ley católica. Para los reformistas de Inglaterra, la niña significaba una debilidad para su causa.

Tres años más tarde, Ana no había dado a luz de nuevo, y el rey había perdido por completo su interés en ella. Esta vez, en lugar de un largo y prolongado divorcio, hizo que Ana fuera juzgada por traición, y en 1536 fue ejecutada en la Torre de Londres. Sin embargo, Enrique VIII no regresó al catolicismo, ya que se había hartado de seguir la voluntad de cualquier autoridad que no fuera él

---

[60] "14 de noviembre de 1532 - ¿El Matrimonio de Enrique VIII y Ana Bolena? *Los Archivos de Ana Bolena*. 2014.

mismo. Todavía escribiría sobre el tema de Dios y la nueva religión, creyendo mucho en la verdad de lo que estaba predicando. En el transcurso de su vida, Enrique VIII se casó seis veces. Durante su tercer matrimonio con Jane Seymour, tuvo un hijo llamado Eduardo. Jane murió poco después de que naciera su hijo y fue seguida por otras tres esposas. En total, Enrique se divorció de dos mujeres y ejecutó a otras dos.

Los matrimonios y la Reforma no fueron lo único que logró el rey Enrique VIII, aunque estas son sin duda las impresiones más duraderas de su gobierno. Durante su reinado, Enrique también invirtió mucho en la construcción de la marina con grandes veleros equipados con armas de fuego. En gran medida, en los días de las conquistas vikingas, Inglaterra había dependido de su destreza naval, pero a principios del Renacimiento, su colección de embarcaciones de alta mar y marineros capaces había disminuido. Como Enrique era un rey con mentalidad de guerra, tenía sentido canalizar el dinero del que se apropió disolviendo las iglesias y monasterios católicos y confiscando sus bienes y tierras en la armada y en sus ejércitos.

Desafortunadamente, en general, las proezas de Enrique en Francia no tuvieron éxito. Soñaba con recuperar el país perdido ante Enrique VI antes de las guerras de las Rosas, pero cuando murió, ni siquiera el tan deseado bastión de Calais estaba bajo el dominio inglés. Sin embargo, Enrique tuvo mejor suerte en las Islas Británicas, supervisando la unificación legal de Irlanda y Gales con Inglaterra. Gales había sido un aliado muy cercano durante siglos, y como la familia Tudor provenía originalmente de Gales, Enrique tuvo poca oposición a este acuerdo en particular. En 1542, Enrique se convirtió en el primer rey inglés en gobernar Irlanda, de acuerdo con el Acta de la Corona de Irlanda.[61]

El último bastión político del poder inglés dentro de las Islas Británicas fue Escocia. Incapaz de ganar su vecino del norte

---

[61] "Ley de la Corona de Irlanda de 1542". *Heráldica*. Web.

invadiéndolo Enrique VIII ideó un plan matrimonial para unir los dos reinos. Los ejércitos ingleses habían matado al rey Jacobo V de Escocia durante una invasión escocesa el mismo año en que Enrique firmaría tratados de unificación con Gales e Irlanda, dejando solo a la hija de Jacobo, la infanta María, como heredera. Enrique vio su oportunidad de casar a su hijo Eduardo con María, vinculando así a Escocia a Gran Bretaña por ley marital. Sin embargo, el plan no dio frutos, y cuando Enrique VIII murió en 1547, Eduardo heredó la corona como un niño soltero de nueve años.[62]

Aunque Eduardo VI murió a la edad de quince años, logró aportar una gran cantidad de obras a la Iglesia de Inglaterra. Trabajó extensamente con Thomas Cranmer, el arzobispo de Canterbury, en la creación de textos en inglés para uso en las iglesias. Estos incluían n un *Libro de Oración en Inglés* y el *Libro de Oración Común*, que se convertirían en las bases fundamentales para la Iglesia Anglicana. Justo antes de morir, víctima de una enfermedad desconocida, el rey Eduardo VI le pasó su corona a su joven prima, Jane Gray, sabiendo que ella también era una anglicana devota que protegería todo lo que había hecho por la Iglesia de Inglaterra durante su corto reinado. Desafortunadamente, Jane fue depuesta por la fuerza después de solo nueve días por la media hermana mayor de Eduardo, María Tudor.

María era hija de la primera esposa de Enrique VIII, Catalina de Aragón, y era católica, probablemente la razón por la cual Eduardo no la había elegido su sucesora. Su tumultuoso reinado duraría cinco años y se caracterizó por una excesiva violencia y disturbios. Aunque al principio María le prometió a su parlamento que respetaría los derechos de la mayoría protestante de Inglaterra, muy pronto se hizo evidente que prefería restablecer Inglaterra como un reino católico. Cargaba con cientos de protestantes quemados en la hoguera como herejes cuando se negaron a convertirse al catolicismo. Esto le valió el apodo eterno "María la Sangrienta".

---

[62] "Enrique VIII". *Enciclopedia Británica*. Web.

María I murió sin hijos en 1558, momento en el que Isabel Tudor se convirtió en reina de Inglaterra. Prometió clemencia para los católicos, pero volvió oficialmente a Inglaterra al anglicanismo bajo la Iglesia de Inglaterra, utilizando los textos que su hermano había ayudado a crear. Cabe señalar que Isabel también mató a cientos por razones religiosas, un hecho que a menudo se ve ensombrecido por el apodo de su media hermana mayor. Bajo Isabel I, la armada que su abuelo había fundado se convirtió en la principal defensa de Inglaterra y se convirtió en el medio por el cual el Imperio británico se extendería por todo el mundo.

Desde el comienzo de su reinado, por todos lados urgieron a la reina Isabel a encontrar un esposo y a que lo hiciera rápidamente. Naturalmente, le preocupaba que al hacerlo no solo estaría eligiendo un marido sino un rey de Inglaterra que usurpara sus poderes. Ella se rebeló, dirigiéndose a su parlamento y suplicándoles respeto por sus derechos y no como un símbolo de un gobernante masculino. Les aseguró que a su debido tiempo encontraría marido, aunque solo fuera para tener hijos, y les pidió paciencia. El siguiente pasaje es de uno de los discursos oficiales de Isabel a su gobierno:

> ¿No nací en el reino? ¿Nacieron mis padres en algún país extranjero? ¿No está mi reino aquí? ¿A quién he oprimido? ¿A quién he enriquecido para dañar a otros? ¿Qué confusión he creado en esta comunidad que se sospeche que no tengo en cuenta? ¿Cómo he gobernado desde mi reinado? Seré juzgada por la envidia misma. No necesito usar muchas palabras, porque mis actos sí me prueban.
>
> Bueno, el asunto por el cual habrían hecho su petición (como me informan) consiste en dos puntos: en mi matrimonio y en las limitaciones de la sucesión de la corona, en donde mi matrimonio se colocó primero, por el bien de los modales. Les envié una respuesta por medio de mi consejo, me casaría (aunque por mi propia disposición no

estaba inclinada a ello) pero eso no fue aceptado ni acreditado, aunque fue dicho por vuestro Príncipe.

Nunca romperé la palabra de un príncipe expresada en un lugar público, por el bien de mi honor. Y, por lo tanto, os digo nuevamente, me casaré tan pronto como pueda convenientemente, si Dios no se lo lleva con quien me importa casarme, o conmigo misma, o de lo contrario, algún otro gran suceso. No puedo decir nada más, excepto que, el partido estuvo presente. Y espero tener hijos, de lo contrario nunca me casaría. Una extraña orden de peticionarios que harán una solicitud y no puede ser asegurada sino por la palabra del príncipe, y sin embargo no lo creerán cuando sea dicha.[63]

La reina Isabel I nunca se casó. Sin embargo, sí disfrutó de un largo y próspero reinado que a menudo se lo ha llamado la Edad de Oro de Inglaterra.

---

[63] "Discursos de Isabel I de Inglaterra (1566-1601)". *Departamento de Historia del Hanover College*. Web.

# Capítulo Once – La Diáspora de Inglaterra

La reina Isabel I estaba menos interesada en los relatos de las nuevas tierras de América que en asuntos más apremiantes, como los continuos intentos de España de atacar la costa sur de Inglaterra. Sin embargo, no podía ignorar el hecho de que muchos de sus vecinos europeos se estaban posicionando para capitalizar los bienes, el comercio y la colonización americana. Con España, Francia, Portugal y los Países Bajos todos haciendo grandes ganancias en el Nuevo Mundo, la reina decidió enfocarse en el este hacia la India. Su objetivo principal era establecer a Inglaterra como la principal fuente de comercio con la India y sus exóticos tés y especias. Aunque ese era su enfoque principal, sin embargo, dio permiso para que dos hombres comenzaran la colonización de América en su nombre.

La reina comenzó su empresa colonial durante las décadas de 1570 y 1580. La prioridad de Inglaterra estaba en la costa noreste de América, ya que sabía que las colonias de España estaban en el sur; por lo tanto, estar en la región noreste haría que fuera más fácil encontrar una fortaleza allí. Con ese fin, el capitán elegido de Isabel, Sir Humphrey Gilbert, hizo tres largos viajes y comenzó tres colonias. Cada una de ellas fracasaría, y el propio Humphrey se perdió en el mar en su último viaje de regreso en 1583.[64] No estando lista todavía para admitir la derrota, Isabel otorgó la patente de Gilbert a su medio hermano, Sir Walter Raleigh. La patente venía con los derechos de gran parte de la tierra que Raleigh encontraría allí, que se la había prometido primero a Gilbert.

Walter Raleigh era muchas cosas además de navegante: también era autor, soldado y se consideraba a sí mismo un aventurero. Los contemporáneos de Raleigh y la reina Isabel profesaron que el apuesto y encantador marino era el favorito de la reina, gracias a su ingenio, modales y utilidad para ella. Es probable que la intensa pasión de Raleigh por el proyecto de colonización haya influido para que la reina continuara dándole permiso para sus expediciones, a pesar del continuo fracaso de las colonias inglesas por perseverar. Para pagar a Raleigh por sus servicios, Isabel le otorgaría el monopolio del comercio del vino y lo nombró capitán de la Guardia de la Reina.

Raleigh partió de Inglaterra en 1584 para explorar las costas occidentales de América y encontrar el lugar ideal para plantar a sus colonos. Encontró lo que estaba buscando en la isla de Roanoke, ubicada a poca distancia de la moderna Carolina del Norte. A su regreso a Inglaterra, le presentó a la reina Isabel I sus mapas, datos y planes oficiales, pero ella se negó a darle los fondos que necesitaba para llevarlo a cabo. La reina sabía que era una empresa de alto riesgo y no se atrevió a invertir el oro del reino; ella, sin embargo, permitió que Raleigh solicitara inversiones de empresarios privados. En un año, Raleigh recaudó fondos suficientes para la expedición y navegó una vez más a Roanoke con 107 colonos.[65] Llegaron allí en julio de 1585 y llamaron a la colonia "Virginia", en honor al popular apodo de la reina, "La reina Virgen"[66].

---

[64] "La Reina Isabel I: Colonizando América". *Museos Reales Greenwich*. Web.
[65] Ibidem.
[66] Ibidem.

La primera colonia en Virginia fue abandonada después de un período de mal tiempo y falta de suministros. El interés en el proyecto todavía se mantenía alto, por lo que se hizo un segundo intento en julio de 1587.[67] Esta vez, con 150 colonos, incluidas muchas familias.[68] Desde el principio, el panorama fue esperanzador particularmente dado el buen clima de verano que los colonos encontraron al llegar. Solo un mes después del arribo, el nacimiento de Virginia Dare se registró como el primer bebé inglés nacido en suelo americano.

Desafortunadamente, aunque todavía era verano, los colonos habían llegado demasiado tarde para plantar y cosechar sus cultivos. Para ayudarlos, el gobernador de Virginia, John White, regresó a Inglaterra para abastecerse de suministros. Una vez que llegó a casa, sin embargo, encontró a Inglaterra al borde de la guerra con España. Todos los barcos que habían tenido la intención de regresar a Virginia con alimentos y otras necesidades fueron reclutados rápidamente en la armada de la reina. En consecuencia, el viaje de regreso se pospuso hasta 1590.[69]

La guerra se había cernido amenazante durante muchos años entre España e Inglaterra por tres razones principales. Primero, España era ferozmente leal a la Iglesia católica en Roma, mientras que Inglaterra había roto completamente con el papa. En segundo lugar, España había reclamado grandes extensiones de tierra en el Nuevo Mundo y encontrado grandes cantidades de oro puro allí, que fueron pirateadas habitualmente por barcos ingleses. Tercero, las rebeliones protestantes holandesas en curso contra España fueron apoyadas ostensiblemente por Inglaterra.

Se libraron dos grandes batallas en 1587 y 1588: la batalla de Cádiz y la Batalla de la armada. Ambas vieron a Inglaterra victoriosa, y un alto en la violencia significaba que John White podría zarpar hacia

---

[67] Ibidem.
[68] Ibidem.
[69] Ibidem.

una vez más hacia América. Cuando finalmente regresó, la colonia había sido abandonada, y la palabra "CROATOAN" estaba tallada en el tronco de un árbol. John White supuso que los colonos se habían mudado a la isla Croatoan (hoy conocida como Hatteras), pero el mal tiempo le impidió seguir su teoría. Además, la guerra con España continuaba, y no había tiempo ni fondos para nuevos intentos de asentamientos americanos. De hecho, no hubo asentamientos ingleses exitosos en las Américas hasta 1607, cuando la Compañía de Virginia creó el asentamiento de Jamestown.[70]

Mientras tanto, había muchos aventureros navegantes y comerciantes ansiosos por sacar provecho de todos los valiosos bienes disponibles para Inglaterra en dirección opuesta a América. La India tenía su propia riqueza que ofrecer, por lo que un grupo en particular se reunió formalmente el 22 de septiembre de 1599 para comprometerse a establecer su propia empresa comercial india con 30,133 £.[71] También reunieron veleros para la empresa, cuyo costo más que duplicó el del proyecto. El 31 de diciembre de ese mismo año, la reina Isabel I otorgó una carta real a "George, Earl de Cumberland y 215 Caballeros, Regidores, y Burgueses" bajo el nombre de "Gobernador y Compañía de Comerciantes de Londres que comercia con las Indias Orientales"[72].

La cédula le otorgaba a la nueva compañía un monopolio completo del comercio inglés con cualquier país al este del cabo de Buena Esperanza de África y al oeste del estrecho de Magallanes. Cualquier otro comerciante inglés al que se lo encontrara realizando dicho comercio, sus bienes y ganancias podrían ser incautadas y distribuidas entre la Corona y la Compañía de las Indias Orientales. La cédula original duraba quince años y tenía normas estrictas y

---

[70] Ibidem.
[71] Tietz, Tabea. "El Ascenso y la Caída de la Compañía Británica de las Indias Orientales". *SCIHI*. Web. 31 de diciembre de 2013.
[72] ORR, Brian J. *Huesos del imperio*. 2013.

detalladas sobre el gobierno de la empresa, que finalmente estaría en manos de tribunales ingleses.

Habiendo enviado expediciones al oeste y al este, la reina Isabel I consolidó un futuro próspero para su reino. Para 1603, había reinado durante 44 años y se había hecho vieja. Poco después del establecimiento de la Compañía de las Indias Orientales, la Reina Virgen del país moría a la edad de 69 años, terminando no solo con la era isabelina sino con la Dinastía Tudor.

# Capítulo Doce - La Casa de Estuardo

Isabel Tudor nunca se había casado ni tenido hijos, lo que causaría algo de pánico en sus asesores durante sus últimos años. Tampoco había nombrado a un sucesor hasta sus últimas horas de vida, y según se informa lo único que hizo simplemente fue un gesto con la mano interpretada por su secretario de estado, Robert Cecil. Muriendo e incapaz de ponerse de pie, Elizabeth asintió con su frente cuando Cecil le preguntó si quería que la sucediera el rey escocés. El secretario entendió este gesto como que elegía a Jacobo VI, miembro de la Casa de Estuardo, para recibir su corona.

Antes de morirse, Isabel vio el primer viaje organizado por la Compañía de las Indias Orientales, comandado por James Lancaster. Su negocio no se limitaba solo a encontrar bienes en la India; los mercaderes designados por la reina también atacaban y capturaban otros barcos que encontraban durante sus viajes. El barco de Lancaster, el *Dragón Rojo*, capturó un barco portugués y anexó sus propios bienes, utilizando los fondos para establecer dos fábricas de manufactura, una en Java y la otra en las islas Molucas, también conocidas como las islas de las Especias. Tuvo un comienzo exitoso, pero al regresar a Inglaterra, la tripulación descubrió que su benefactora, la reina Isabel, había muerto.

El rey Jacobo, ahora conocido como el rey Jacobo I después de convertirse en el gobernante de Inglaterra e Irlanda, además de Escocia, decidió continuar con el patrocinio de la Compañía de las Indias Orientales, nombrando así a Lancaster. El nuevo rey reconoció que la compañía había asegurado el futuro de Inglaterra en el comercio de especias, particularmente ahora que la guerra con España finalmente había llegado a su fin. Además, Jacobo estaba feliz de continuar con muchas de las políticas de su predecesora con respecto a la exploración y el comercio. Mientras traducía su propia versión de la Biblia cristiana, James encontró muchas oportunidades para alabar el comercio como la base de una comunidad fuerte. En Génesis Eclesiastés 34:21, la Biblia del rey Santiago (Jacobo) dice: "Estos hombres se han portado como amigos. Dejad que se establezcan en nuestro país y que lleven a cabo sus negocios aquí, ya que hay suficiente espacio para ellos. Además, nosotros nos podremos casar con sus hijas, y ellos con las nuestras".

Cuando el comercio estuvo bien establecido entre India e Inglaterra, una sucesión de monarcas Estuardo promovió una fuerte emigración a las Américas para compensar el haber quedado rezagados con respecto a los españoles, franceses y holandeses. Durante el siglo siguiente, Inglaterra fundó más de diez colonias en el Nuevo Mundo y envió regularmente barcos llenos de inmigrantes para vivir allí. El movimiento de los colonos alivió los problemas de pobreza en el hogar en Inglaterra, que se debieron al aumento de la población en el siglo XVI. La gente sin dinero ni propiedades en Inglaterra no tuvo problemas para ser aceptadas en los barcos de migrantes y ser llevadas a colonias en Virginia y Maryland. Miles de los migrantes fueron traídos a América para trabajar en los campos de tabaco de la bahía de Chesapeake. Muchas de las familias que optaron por hacer el largo viaje hacia el oeste a través del océano Atlántico terminaron en las colonias de Plymouth, la bahía de New

Haven, Connecticut o Rhode Island, ansiosas por practicar su religión puritana lejos de un país de protestantes más liberales.

Mientras que la ocupación inglesa del Nuevo Mundo crecía significativamente, la Compañía de las Indias Orientales también estaba trabajando arduamente para ampliar el alcance de los comerciantes de Inglaterra. Navegando cada vez más lejos del hogar, el *Clove*, bajo el paraguas de la Compañía de las Indias Orientales, fue el primer barco inglés en llegar a Japón en junio de 1613.[73] Una vez que la tripulación del *Clove* pisara suelo japonés por primera vez, John Saris, se reunió con los líderes de Japón, el shogun retirado Tokugawa Ieyasu y su hijo, el shogun actual, Tokugawa Hidetada, para intercambiar regalos. Saris le regaló al shogun y a su padre un telescopio, una taza y algo de lana inglesa. A cambio, Hidetada le presentó a Saris dos armaduras. Ieyasu también le entregó a Saris diez pantallas pintadas de oro y una carta para el rey Jacobo I. La pareja también felizmente le dio al capitán inglés una carta oficial sellada bermellón que le otorgaba a Saris permiso para vivir y trabajar en Japón. Fue una reunión cordial y amistosa que comenzaría una cálida amistad a larga distancia entre los dos países.

Los ingleses establecieron una estación comercial en Hirado, ubicada en la isla de Kyushu, la isla más meridional de Japón, y descubrieron que Japón no tenía una industria cervecera. El barco de Saris estaba bien abastecido de cerveza para la tripulación, ya que beber era una práctica común en toda Europa, por lo que se la ofrecieron a sus anfitriones. La sed japonesa de cerveza resultó ser bastante insaciable, dando a Inglaterra y a su competidor, Holanda, otro artículo para agregar a su carga en futuros viajes al Lejano Oriente. Saris regresó a Londres en diciembre de 1614 y, según los informes, el rey Jacobo estuvo bastante satisfecho con sus regalos.

El rey Jacobo disfrutaría de un enorme poder como rey de Escocia, ya que se le impusieron menos controles y balances que los

---

[73] "Cronología". *Compañía de Comercio de las Indias Orientales de Londres*. Web.

utilizados en Inglaterra. Una vez que heredara el trono de Isabel I y se convirtiera en Jacobo I de Inglaterra en 1603, el monarca se dio cuenta de que gobernar Inglaterra no sería lo mismo a lo que estaba acostumbrado.[74] Siendo un hombre pacífico, el rey no consideraba conveniente tratar de reorganizar el sistema político inglés a su gusto; aceptó que era responsable ante el Parlamento y que debía trabajar en conjunto con los parlamentarios. El reinado de Jacobo no sufrió demasiadas disputas, aunque sus deudas personales y el bautismo católico fueron fuentes de ciertas disidencias.

No podría decirse lo mismo del reinado del heredero de Jacobo, Carlos I. Carlos heredaría los tronos de Escocia, Inglaterra e Irlanda en 1625 después de la muerte de su padre y comenzaría un gobierno endeble sobre los reinos.[75] Carlos, nacido en 1600, se había quedado en Escocia cuando era un bebé, a pesar de que otros miembros de su familia se habían mudado a Inglaterra, porque su salud se consideraba demasiado delicada para un viaje tan largo.[76] Aproximadamente un año después de que el resto de su familia se mudara, el joven Carlos hizo el viaje y fue entregado al cuidado de Sir Robert y Lady Carey. Debido a la influencia de Lady Carey, el joven, que tenía problemas para caminar y hablar, no se vio obligado a solucionarlos por la fuerza. Superó sus problemas de caminar por su propia voluntad, sin embargo, era considerado socialmente torpe debido a su permanente acento escocés y su tendencia a tartamudear.

Carlos era verdaderamente religioso y había sido criado como protestante, al igual que sus pares ingleses. Carlos I creía, al igual que Jacobo I, que Dios lo había creado para reinar sobre las Islas Británicas y su pueblo en el interés superior de estos. Por esa creencia, Carlos encontraría difícil confiar en el Parlamento inglés y, a menudo, hizo lo que podía para eludir sus consejos. Al evitar a estos

---

[74] Doelman, James. *El Rey Jacobo I y la Cultura Religiosa de Inglaterra.* 2000.
[75] Ashley, Maurice. "Carlos I". *Enciclopedia Británica.* Web.
[76] Ibidem.

políticos, tanto en Inglaterra como en Escocia, promovió una imagen muy negativa de sí mismo.

Entre los años 1629 y 1640, Carlos llegó tan lejos como para prescindir por completo al Parlamento, decidiendo en cambio gobernar por decreto real. Este período se ha denominado tanto como "Gobierno Personal" como la "Tiranía de los once años"".[77] Como ya no podía acudir al Parlamento en busca de ayuda financiera, Carlos I comprendió los esquemas impositivos obsoletos para recaudar fondos, como el dinero de los barcos. Estos impuestos se recaudaban primero de las ciudades y condados costeros para la protección marítima en tiempos de guerra, comenzados siglos antes. Específicamente, el dinero para los barcos requería que dichas comunidades proporcionaran barcos a la marina o pagaran el valor equivalente en dinero. Aunque tradicionalmente este impuesto solo se aplicaba a las comunidades marítimas, Carlos I insistiría en que también se aplicara a las regiones del interior. Por supuesto, esta disposición resultaría ser bastante impopular para el pueblo.

El siguiente gran problema que enfrentaría Carlos fue el de la religión. Aunque él personalmente adhería al protestantismo, su esposa, la reina Enriqueta María de Francia, era católica romana. La reina católica puso nerviosos a muchos protestantes ingleses, pero tanto ella como Carlos no harían nada para restablecer a Inglaterra como un estado papal. Por el contrario, el rey tenía la intención de usar el *Libro de Oración Común* y seguir los sus rituales. Aunque esto pudo haber apaciguado a una generación anterior de ingleses, durante el reinado de Carlos I, una gran parte de Inglaterra se identificada como puritana. Los puritanos seguían en gran parte la misma doctrina que los protestantes. Sin embargo, querían eliminar los intrincados rituales y decoraciones que predominaban en la Iglesia de Inglaterra. No fue una coincidencia que la mayoría de los parlamentarios fueran puritanos cuando el rey los despidiera.

---

[77] Ibidem.

En Escocia, las veleidades religiosas del rey Carlos I fueron aún peores que en Inglaterra. Muchos escoceses eran presbiterianos, una rama del protestantismo, y no estaban contentos de que Carlos I les dijera que debían seguir el ejemplo de la Iglesia de Inglaterra. De hecho, cuando el rey intentó imponer su propio libro de oraciones en las iglesias escocesas en 1637, estalló un motín en Edimburgo que marcaría la disposición del pueblo para llevar a su país a las guerras de los Obispos. Las escaramuzas religiosas pronto se convertirían en una guerra civil a gran escala que amenazaría el futuro de la Casa real de Estuardo, así como el vínculo político entre Inglaterra y Escocia.

# Capítulo Trece – La Guerra Civil

En noviembre de 1638, el rey Carlos I se enfrentó al primer acto serio de desafío contra su reinado cuando la Asamblea General de Glasgow acordó abiertamente ignorar las órdenes del rey sobre la Iglesia de Escocia. No dispuesto a dejar impune tal traición contra su autoridad, el rey reunió un ejército inglés y se dirigió hacia la frontera escocesa en 1639.[78] Desafortunadamente, el ejército del rey carecía de los fondos y el entrenamiento suficiente, lo que significó que la diplomacia venció a la violencia. Carlos acordó, a través del tratado conocido como Pacificación de Berwick, dejar a los escoceses solos en lo que respecta a la religión. Esta fue la primera incruenta guerra de los Obispos.

El tratado de pacificación fue de poca utilidad, excepto para evitar una batalla inmediata; las autoridades de ambos lados sostuvieron diferentes interpretaciones del tratado y, por lo tanto, pronto regresaron a donde habían comenzado. Muy pronto Carlos se enteraría que los señores escoceses se estaban comunicando con sus aliados en Francia y entendió que los dos antiguos enemigos de Inglaterra estaban tramando una guerra contra él. Una vez más, el rey decidió formar un ejército, pero esta vez, quería que fuera más

---

[78] "Guerras de los Obispos". *Enciclopedia Británica*. Web.

grande, más fuerte y mejor preparado que el del año anterior. Para recaudar dinero, en abril de 1640, Carlos no tuvo más remedio que reunir al Parlamento inglés por primera vez en once años.[79]

Una vez reunidos, los lores ingleses se negaron a hablar con el rey sobre la recaudación de fondos y el armado del ejército si primero no discutían lo que ellos creían debería ser su papel en el gobierno. Una vez que se presentaron estas quejas, el Parlamento dejó en claro que no apoyarían una guerra contra Escocia. Al ver que no llegaría a ningún lado con los lores, una vez más Carlos decidió hacer las cosas a su manera, ganándose este breve respiro del Gobierno Personal el apodo del "Parlamento Corto". Estando decidido, Carlos volvió a formar un ejército y marchó hacia Escocia. Las cosas no le fueron bien; las fuerzas escocesas no solo impidieron que el ejército real se apoderara de ninguna tierra en Escocia, sino que también capturaron gran parte del norte de Inglaterra para sí mismos. Esta fue la segunda guerra de los Obispos.

Para confundir aún más las cosas para el rey Carlos I, los rebeldes en Irlanda organizarían su propia revolución en octubre de 1641.[80] Había muchas razones para el levantamiento irlandés, incluido su deseo de que la Iglesia católica romana fuera restablecida como la autoridad gobernante en su tierra. En ese momento, tanto católicos como protestantes residían en Irlanda en grandes cantidades uno al lado del otro, y las relaciones entre los dos grupos se habían vuelto increíblemente tensas. Los rebeldes católicos instigaron a la violencia contra sus vecinos protestantes, lo que resultaría en la pérdida de miles de vidas. Los historiadores creen que hasta 4.000 protestantes irlandeses fueron asesinados en el levantamiento, pero en Inglaterra, esos números se exageraron mucho, ya sea por miedo y rumores o como influencia política para actuar contra los católicos.[81] Sin embargo, no todos los rebeldes estaban decididos a matar a sus

---

[79] Ibidem.
[80] Ibidem.
[81] *Ibidem.*

compañeros protestantes, en cambio, centraron sus esfuerzos en saquear propiedades protestantes y robar cualquier cosa de valor. Estas ofensas fueron pagadas en especie por los protestantes perseguidos.

Con su reino en gran peligro, el rey Carlos I convocó a su gobierno en otro momento para tratar de encontrar una solución a las dificultades. En noviembre de 1640, los lores ingleses se reunieron nuevamente en lo que se llamaría el "Parlamento Largo".[82] El Parlamento Largo fue increíblemente rápido y efectivo para asegurar su propia existencia. Un año después de su reincorporación, el Parlamento revisó por completo el sistema de gobierno inglés y sacó a los consejeros del rey de los puestos de poder. El gobierno aprobó una ley que exigía reuniones regulares y también hizo ilegales nuevas disoluciones del Parlamento sin el consentimiento expreso de sus miembros.

En enero de 1642, El rey intentó mantener su gobierno bajo control, incluso moviéndose para arrestar a cinco lores parlamentarios pero sus esfuerzos fracasarían.[83] Los cinco hombres, John Pym, John Hampden, Denzil Holles, William Strode y Sir Arthur Haselrig, estuvieron potencialmente involucrados en una colusión con Escocia. Charles tenía la intención de probar cada uno por traición, pero sus compañeros se negaron a entregarlos. El incidente tuvo lugar en la Cámara de los Comunes, y el rey envió guardias allí para arrestar a los hombres. Creyendo que el rey estaba actuando fuera de orden, ya que era contrario al protocolo que los miembros de la monarquía ingresaran a las cámaras parlamentarias o intentaran entrometerse en sus asuntos, los parlamentarios cerraron groseramente sus puertas a los guardias sin entregar a los hombres buscados o proporcionar cualquier información sobre su paradero. Finalmente, el propio Charles llegó a la Cámara y no tuvo mejor suerte al recuperar información de su gobierno. Los hombres claramente habían sido

---

[82] Ibidem.
[83] "Carlos I entra en la Cámara de los Comunes". *Historia Real Europea.* Web. 2018.

advertidos de su peligro inminente y escaparon más temprano en el día.

Uno de los parlamentarios que se negó a cumplir con las demandas del rey fue Oliver Cromwell, un rico puritano de Huntingdonshire. A finales de 1642, tanto el Parlamento como el rey no aceptaron las demandas del otro llegaron a un punto de quiebre violento. Ambas partes ya habían estado acumulando ejércitos y fondos, en caso de que lo necesitaran, y en todo el campo, las familias nobles se apresuraron a proporcionar viviendas seguras para los miembros de un lado u otro. También contribuyeron con soldados, armas, municiones y dinero al lado de su elección.

Oliver Cromwell y muchos de sus aliados en el Parlamento habían sido muy influenciados por Thomas Beard, un clérigo puritano y autor de *El Teatro de los Juicios de Dios*. El libro de Beard, que retrataba al papa católico como el anticristo, era un tratado religioso que convenció a muchos ingleses, incluido Oliver Cromwell, de que se necesitaban cambios serios en las religiones contemporáneas. Cromwell, sin duda, se volvió más anticatólico después de estudiar con Beard, aunque las enseñanzas protestantes de su familia ya lo habían predispuesto a hacerlo. Aunque la Iglesia de Inglaterra se había creado como una alternativa al catolicismo, la clase de protestantismo de Beard y Cromwell fue mucho más allá. Llamándose a sí mismos puritanos, los partidarios de las ideas de Beard pertenecían a una orden religiosa en la que el catolicismo se consideraba tan blasfemo que estaba prohibida cualquier decoración o festividad que pudiera asemejarse a una tradición católica.

La teoría puritana en gran parte estaba detrás de la decisión de Cromwell de luchar contra la monarquía, y ayudaron al esfuerzo de guerra bloqueando un envío de plata destinado al rey y reuniendo soldados de Cambridgeshire. Después de una serie de enfrentamientos militares con el ejército del rey, Cromwell se convirtió en comandante militar en el ejército rebelde. A medida que las batallas continuaban, el Parlamento fue limpiado de todos los hombres que no estaban dispuestos a juzgar al rey Carlos por traición, dejando atrás una pequeña selección conocida como el Parlamento Rabadilla o Parlamento Remanente. El Parlamento Rabadilla finalmente demostró ser menos cooperativo de lo que esperaban los rebeldes, y el 20 de abril de 1653, Oliver Cromwell trajo un ejército a las Casas del Parlamento para expulsarlos a todos.[84]

Irrumpió, tal como lo había hecho el rey un año antes, y dijo lo siguiente:

> Ya es hora de que ponga fin a vuestra sesión en este lugar, que habéis deshonrado por vuestro desprecio de todas las virtudes y contaminado por vuestra práctica de cada vicio; sois una tripulación real y enemigos de todo buen gobierno; sois una manada de desgraciados mercenarios, y quisiéramos que Esaú vendiera vuestro país por un desastre, y que Judas traicionara a vuestro Dios por unas pocas monedas.
>
> ¿Queda una sola virtud entre vosotros? ¿Hay un vicio que no poseáis? No tenéis más religión que mi caballo; el oro es vuestro dios; ¿cuál de vosotros no ha intercambiado vuestra conciencia por sobornos? ¿Hay algún hombre entre vosotros que se preocupe menos por el bien de la Commonwealth?
>
> ¿Vosotros, sórdidas prostitutas, no habéis profanado este lugar sagrado y habéis convertido el templo del Señor en una guarida de ladrones, por vuestros principios inmorales y prácticas malvadas? Vosotros os habéis vuelto intolerablemente odiosos para toda la nación; vosotros fuisteis delegados aquí por el pueblo para reparar sus quejas, ¡Vosotros mismos os habéis ido! ¡Entonces! Quitad esa chuchería brillante allí y cerrad las puertas.
>
> ¡En el nombre de Dios, idos![85]

---

[84] "Guerra Civil". *Sitio web del Parlamento del Reino Unido*. Web.
[85] "Discurso de Oliver Cromwell - Disolución del Parlamento Largo 1653". *El Tesoro Britpolítico*. Web.

En lugar del Parlamento Rabadilla, Cromwell instaló en julio de 1653 una Asamblea Nominada, que también se conocería como el Parlamento de Barebone.[86] Los miembros de la Asamblea Nominada sumaban 144, y cada uno era seleccionado por oficiales del ejército rebelde, que buscaron a los más piadosos y comprometidos con la reforma religiosa. Sin embargo, incluso la Asamblea Nominada participaría en discusiones y medidas para la reforma social que desagradaron a Cromwell y a sus partidarios. Particularmente preocupante era el hecho de que los parlamentarios obviamente estaban bastante recelosos del ejército y temían verse obligados a instaurar una legislación específica ante amenazas de violencia.

Pocos meses después, en la mañana del 12 de diciembre de 1653, una facción del ejército rebelde liderada por el general John Lambert entró en el Parlamento y votó una vez más para disolver a todo el grupo.[87] Todo ocurriría mientras muchos miembros de la asamblea estaban en una reunión de oración. Lambert, como todos los involucrados, se había cansado de la sucesión de cuerpos parlamentarios decepcionantes, y se le ocurrió una idea mejor. Escribió su plan como el "Instrumento de Gobierno" y declaró que la mejor forma de gobierno con la cual avanzar debía consistir en un gobernante y su parlamento. Era como una monarquía constitucional, excepto que el rey Carlos no sería el gobernante; ese privilegio sería otorgado a Oliver Cromwell. El 16 de diciembre de 1653, Oliver Cromwell fue nombrado oficialmente Lord Protector del Reino.[88]

---

[86] "Guerra civil". *Sitio Web del Parlamento del Reino Unido.* Web.
[87] Ibidem.
[88] Ibidem.

# Capítulo Catorce– El Protectorado

Cromwell designó su propio gobierno y lo llamó el Consejo de Estado. Su primera orden del día fue arrestar al rey Carlos y hacer que lo juzgaran en la corte por traición contra Inglaterra. Mientras la guerra continuaba entre el ejército realista y el de Cromwell, el rey depuesto se encontraba escondido en el sur de Inglaterra bajo la protección de sus guardias. En 1644, el Parlamento de Oxford se reunió para apoyar al rey, pero al año siguiente vacilaría.[89] Mientras la guerra civil se prolongaba, Carlos iría varias veces a la batalla con su ejército, pero para ese entonces, las fuerzas parlamentarias estaban ganando terreno sobre los realistas. El apoyo al gobierno del Protectorado de Cromwell era generalizado, y el ejército del Lord Protector se mostró entusiasmado en defender su autoridad. La lucha se volvió tan caótica que Carlos se vio obligado a confiar su vida en manos del ejército escocés, que lo llevó al norte de Newcastle upon Tyne. Los escoceses negociarían con el gobierno de Cromwell durante nueve largos meses antes de llegar finalmente a un acuerdo: entregarían a Carlos al Parlamento inglés a cambio de 100.000 £ en el

---

[89] Gregg, Pauline. *El Rey Carlos I*. 1981.

momento de la entrega y más dinero en cuotas después. El ejército escocés entregó a Carlos a los comisionados parlamentarios en enero de 1647.[90]

Cromwell envió al prisionero recapturado a Holdenby House en Northamptonshire. Afuera, aparecieron divisiones entre el ejército antirrealista, que se dividió en un grupo de los leales a Cromwell, conocidos como los parlamentarios, y otro llamado El Nuevo Ejército Modelo. El Nuevo Ejército Modelo quería más control en la administración del gobierno, mientras que los parlamentarios preferían establecer la Iglesia de Inglaterra como un cuerpo presbiteriano puritano, y luego renunciar y renunciar a su autoridad. Carlos se dio cuenta plenamente de que el estado dudoso del ejército de su oponente podría ser muy beneficioso para él, por lo que fue de buena gana con el Nuevo Ejército Modelo cuando llegó a Holdenby House para tomarla bajo su custodia. Carlos disfrutaría de una gran autoridad en el Nuevo Ejército Modelo, y cuando desafió a sus nuevos captores a que lo llevaran a Hampton Court, lo obligaron.

Una vez más Carlos logró escapar de su lujosa prisión, pero erróneamente confió en el coronel Robert Hammond, el gobernador parlamentario de la isla de Wight, y poco después terminó nuevamente bajo custodia. Esta vez, fue retenido en el castillo de Carisbrooke en la isla de Wight. Carlos fue tratado bien y se le dio la oportunidad de arrepentirse de lo que su oponente consideraba el pecado de traición, pero Carlos se negó. En lugar de ir por la diplomacia, Carlos simplemente se negó a reconocer la autoridad del Lord Protector Cromwell o a aceptar que la antigua monarquía de Inglaterra había sido derrotada. En cambio, trató incesantemente de negociar con partidos externos que podrían asegurar su liberación. Uno de esos partidos era el gobierno escocés, en quien decidió confiar a pesar de que el ejército escocés lo había entregado al Parlamento inglés menos de un año antes. Sin embargo, el 26 de

---

[90] Ibidem.

diciembre de 1647, Carlos firmó un tratado secreto con Escocia.[91] Los términos eran que Escocia debía invadir Inglaterra en nombre del rey depuesto y restaurarlo a la corona; a cambio, Carlos convertiría la Iglesia de Inglaterra al presbiterianismo.

Los escoceses hicieron lo que prometieron, y el ejército realista dentro de Inglaterra se levantó nuevamente para ayudarlo. La lucha comenzó en mayo del año siguiente, pero los realistas y los escoceses fueron derrotados en agosto. La única esperanza de Carlos era establecer cierta diplomacia entre él y los parlamentarios, por lo que ambas partes buscaron una reunión. El Parlamento inglés en funciones votó sobre si reunirse con el rey, y los votos por el "sí" superaron en número a los votos por el "no" en 129 a 83.[92] Sin embargo, Cromwell y su ejército leal no harían tal cosa, argumentando que no tenía sentido debatir con un conocido tirano Se realizaron una serie de arrestos de cualquier simpatizante realista conocido, incluidos muchos miembros del Parlamento, que efectivamente dejaron otro exiguo Parlamento Rabadilla cuyos ideales imitaban a los de Cromwell.

En enero de 1649, el Parlamento Rabadilla acusó a Carlos I de traición, pero tuvo dificultades para llevar a cabo cualquier tipo de juicio, ya que los tres jueces en funciones de Inglaterra argumentaron que no había una ley bajo la cual un monarca pudiera ser juzgado en la corte. Desafiantemente, el Parlamento declaró que era capaz de crear leyes sin la necesidad de colaboración con ningún otro grupo legislativo y, por lo tanto, aprobó un proyecto de ley legal para crear un sistema judicial completamente nuevo solo para el juicio del rey. El Tribunal Superior, creado para este propósito, constaba de 135 miembros, pero la mitad de ellos se mantuvo alejado de los procedimientos, ya sea voluntariamente o por coacción de Cromwell, ya que se sentían incómodos al juzgar al rey.[93]

---

[91] Cust, Richard. *Carlos I: Una Vida Política*. 2005.
[92] Coward, Barry. *La Era de los Estuardo* (Tercera edición). 2003.
[93] Gregg, Pauline. *El Rey Carlos*. 1981.

En el juicio oficial, Carlos I fue acusado de traición a su país por haber usado su poder para perseguir proyectos en su propio interés en lugar de actuar por el bien de su país. El Tribunal Superior, por lo tanto, responsabilizó a Carlos de todos los crímenes y tergiversaciones que habían ocurrido durante la guerra civil, incluidas unas 30.000 muertes.[94] Por su parte, Carlos se negó a declarar y pidió reiteradamente a sus fiscales por la autoridad de quién lo habían llevado allí, ya que, como rey, no respondería a ninguna autoridad superior, excepto la de Dios. Carlos fue declarado culpable de traición el 26 de enero de 1649 y fue sentenciado a muerte. Fue decapitado en Whitehall cuatro días más tarde.[95]

Tras la muerte del rey, Oliver Cromwell estableció la Mancomunidad de Inglaterra. El Parlamento Rabadilla, del cual el propio Cromwell era miembro, continuó junto a un pequeño Consejo de Estado. Como jefe del Consejo de Estado y líder del ejército, Cromwell mantuvo su poder. La mayoría de los realistas huyeron a Irlanda y forjaron una alianza con los católicos irlandeses después de la muerte de Carlos I, y Cromwell se propuso más tarde ese mismo año enfrentarlos en batalla. Su campaña fue larga pero finalmente exitosa, habiendo ganado la autoridad inglesa en cada ciudad irlandesa crítica. Sin embargo, tan pronto como la campaña irlandesa llegó a su fin, Cromwell enfrentó un nuevo desafío de los escoceses, que habían nombrado a Carlos Estuardo II, el hijo del difunto Carlos I, rey de Escocia. Después de enviar a su ejército a Escocia para recuperar con éxito el control, Cromwell fue nombrado Lord Protector de por vida en una nueva versión del "Instrumento de Gobierno", que serviría como la constitución de Inglaterra.

El líder de la Mancomunidad de Inglaterra murió en 1658 de lo que se cree que fue una combinación de malaria e infección.[96]

---

[94] Carlton, Charles. *Carlos I: El Monarca Personal* (Segunda edición). 1995.
[95] "La Ejecución de Carlos I". *Palacios Reales Históricos*. Web.
[96] McMains, H.F. *La Muerte de Oliver Cromwell*. 2015.

Ricardo, el hijo de Cromwell, heredó su posición como Lord Protector, pero carecía del genio militar, la red de parlamentarios leales y el personal del ejército de su padre. En mayo de 1659, Ricardo Cromwell renunció como Lord Protector, y otro Parlamento Largo fue reinstalado. El parlamento hizo arreglos para que Carlos II asumiera su cargo como rey de Inglaterra, Irlanda y Escocia, y así, la Casa de Estuardo se estableció nuevamente en el trono en 1660.

# Capítulo Quince – La Gloriosa Revolución

El 6 de febrero de 1685, Jacobo II (conocido como Jacobo VII en Escocia) heredó los tronos de Inglaterra e Irlanda, además del trono de Escocia que ya ocupaba. Su sucesión fue apoyada en gran medida por el concepto de ley divina y nacimiento en las tres naciones, pero la popularidad de James no duraría mucho. Tenía una mentalidad muy abierta sobre la práctica de las religiones no conformistas, que en Inglaterra generalmente significaban catolicismo romano o grupos protestantes dispersos. Dos años después de su reinado, James II emitió la Declaración de Indulgencia, que puso fin a las sanciones que se habían infligido a los súbditos del rey por no seguir la doctrina de la Iglesia de Inglaterra o la Iglesia de Escocia. Después de redactar el documento él mismo en abril de 1687, el rey exigió a todas las iglesias de su reino que lo leyeran dos domingos consecutivos.

Jacobo II era un católico practicante y, como tal, no estaba dispuesto a conformarse con el anglicanismo como otros lo habían hecho antes que él. En cambio, imaginó un reino en el que había una tolerancia religiosa generalizada hacia el catolicismo y todas las ramas del cristianismo. Desafortunadamente, su gobierno y el pueblo de sus reinos discrepaban sinceramente con esa idea, ya que a lo largo de los años se le había infundido un saludable temor a la tradición católica. Hubo un retroceso brutal contra la Declaración de Indulgencia que finalmente llevó a la caída del rey mismo.

Decidido a seguir siendo un país anglicano, el pueblo de Inglaterra favoreció un movimiento religioso hacia el minimalismo y la humildad. Creían que las prácticas católicas eran llamativas, lujosas y no obedecían a la voluntad de Dios. El sentimiento anticatólico era tan profundo que el arzobispo de Canterbury de Inglaterra, William Sancroft, y otros seis obispos escribieron una petición en su contra. Fueron juzgados por difamación sediciosa, pero finalmente los liberaron. Poco después, Jacobo II y la reina María de Módena tuvieron un hijo, lo que exasperaría aún más a los detractores del monarca. Con un hijo y un heredero varón, el rey y la reina católicos estaban perfectamente posicionados para establecer un nuevo régimen religioso. Su hija mayor, María, era la siguiente en la línea después de su hermano, y a pesar de los temores de los parlamentarios y el clero ingleses, ambos niños fueron criados como anglicanos.

Desesperados por un gobernante anticatólico fuerte, varios políticos ingleses de los partidos Whig (antiguo nombre del Partido Liberal británico) y Tory (conservador) idearon un plan con la ayuda de un obispo. Estos hombres escribieron directamente a William Hendrik, un primo holandés de la familia real inglesa cuyo título era príncipe de Orange, pidiéndole ayuda. Mejor conocido como Guillermo de Orange, el príncipe holandés era muy popular y, además, un protestante acérrimo y en 1677 se había casado con la hija mayor de Jacobo II, María.[97] Debido a su herencia, Guillermo de Orange se situó cuarto en la línea del trono inglés, y su esposa como segunda.

Cada peticionario firmó con su nombre en la invitación, revelándose como Charles Talbot, conde de Shrewsbury; William

---

[97] "Guillermo III". *Enciclopedia Británica*. Web.

Cavendish, conde de Devonshire; Thomas Osborne, conde de Danby; Richard, vizconde Lumley; Henry Compton, obispo de Londres; Edward Russell; y Henry Sydney.

Su invitación decía:

> ... El pueblo está generalmente tan insatisfecho con la conducta actual del gobierno en relación con su religión, libertades y propiedades (todas las cuales han sido muy invadidas), y esperan que sus perspectivas sean cada vez peores, que Su Alteza pueda haber asegurado que hay diecinueve partes de veinte de las personas en todo el reino que desean un cambio y que, creemos, contribuirían voluntariamente a él, si tuvieran tal protección para apoyar su ascenso que les aseguraría ser destruidos antes de que ellos pudieran llegar a estar en una postura para defenderse ...
>
> Estas consideraciones nos hacen pensar que esta es una temporada en la que es más probable que contribuyamos a nuestras propias seguridades que en el futuro (aunque debemos reconocer a Su Alteza que hay algunos juicios que difieren de los nuestros en este particular), tanto que si las circunstancias se mantuvieran de pie con Su Alteza que cree que puede llegar aquí el tiempo suficiente, en condiciones de brindar suficiente asistencia este año para un alivio bajo estas circunstancias que ahora han sido representadas, nosotros quienes suscribimos esto, no dejaremos de asistir a Su Alteza al momento de su llegada y haremos todo lo que esté en nuestro poder para preparar a otros para que estén tan listos como sea posible para tal acción, donde hay tanto peligro en comunicar un asunto de tal naturaleza hasta que esté cerca del momento en que se haga público.[98]

Los conspiradores anticatólicos muchas veces escribieron suplicantes a Guillermo, invitándolo a unirse a su causa y ayudar a

---

[98] Browning, Andrew (editor). *Documentos Históricos Ingleses, 1660-1714.* 1953.

resolver las quejas de la gente. Guillermo mantendría correspondencia con ellos durante aproximadamente un año antes de ver la oportunidad de proporcionar sus servicios y también utilizar esa relación para beneficiar las negociaciones de paz con otras naciones europeas. En ese momento, Francia, Italia y los Países Bajos habían estado al borde de la guerra durante muchos años, aunque en 1688 habían comenzado a formar una alianza pacífica a favor de detener todos los ataques. Guillermo sabía que las posibilidades de una paz exitosa en Europa aumentarían enormemente si Inglaterra prestaba su apoyo, y fue en gran parte por esa razón que decidió viajar a Inglaterra. Fue con 500 barcos y 14.000 hombres de combate.[99]

Guillermo de Orange pisó tierra en la bahía Tor en Brixham el 5 de noviembre de 1688, con la intención de tomar Londres.[100] Sus movimientos no eran ni violentos ni rápidos; el príncipe se dirigió a la capital a un paso ligero, midiendo el apoyo a su causa y descubriendo lo que los ingleses sentían realmente por su rey. Encontrando que la situación era muy parecida a la que se le describía en las cartas, el viaje de Guillermo a Londres fue muy tranquilo. Incluso Juan Churchill, el general de Jaime II, y la hija del rey, Ana, se habían unido a la multitud de apoyo a favor de Guillermo. Antes de que el príncipe holandés llegara a Londres, Jaime II había abandonado su castillo y huido a Francia.

El gobierno de Inglaterra decidió oficialmente que la huida de Jacobo II de Londres debía documentarse como un caso de abdicación. Guillermo fue coronado en Londres el 21 de abril de 1689, al igual que la reina, María II, hija de Jacobo II.[101] La suya fue una monarquía constitucional que apoyaría plenamente a la Iglesia de Inglaterra. Después, todo este movimiento se llamaría la Revolución

---

[99] "Guillermo III, Príncipe De Orange, Llegando a Brixham". *Fideicomiso de la Colección Real.* Web.
[100] "Gloriosa Revolución". *Enciclopedia Británica.* Web.
[101] "Guillermo III, Príncipe De Orange, Llegando a Brixham". *Fideicomiso de la Colección Real.* Web.

Gloriosa, en la que no se había derramado una gota de sangre. No se podía decir lo mismo de Escocia e Irlanda, cuyos pueblos lucharían contra el cambio de régimen. Le siguió un baño de sangre, pero más tarde en ese mismo año, Escocia le ofreció la corona a Guillermo III e Irlanda sería reconquistada.

El nuevo rey y la reina gobernaron conjuntamente hasta la muerte de María en 1694. Guillermo vivió unos diez años más, muriendo en 1702.

# Capítulo Dieciséis - La Revolución Científica

Del mismo modo que las teorías políticas de larga data se pusieron en práctica, también lo fue un número asombroso de ideas sobre los sistemas que gobernaban la forma en que funcionaban el mundo y el universo. Con extremo rigor, los científicos de Inglaterra estaban poniendo a prueba las antiguas teorías griegas y a menudo hicieron descubrimientos que habrían confundido a sus predecesores muertos hace mucho tiempo. La astronomía se hizo extremadamente popular entre los más educados del reino, y en particular, muchos astrónomos se esforzaron por probar o refutar la teoría planteada por el científico polaco Nicolás Copérnico de que la Tierra giraba alrededor del Sol.

El 28 de noviembre de 1660, un grupo de ingleses que quería promover la experimentación científica fundó Sociedad Real de Londres.[102] Los fundadores de la Sociedad incluían al matemático, científico y arquitecto responsable de la Catedral de San Pablo, Christopher Wren; el químico e inventor Robert Boyle; y el médico, científico y filósofo William Petty. Entusiasmados de formar una sociedad oficial de pensadores científicos y doctos, los fundadores de

---

[102] "Historia de la Sociedad Real". *Sociedad Real.* Web.

la Sociedad se dedicaron a aprender ellos mismos ciencia y matemáticas. Comenzaron por hacer presentaciones de reconocidos experimentadores del momento y muy pronto obtuvieron una cédula real del rey Carlos II.

Robert Boyle diseñaría la mayoría de los experimentos llevados a cabo por los miembros de la Sociedad, incluida su propia serie de ensayos sobre los volúmenes y la presión de los gases. Después de muchos experimentos, Boyle descubrió que el volumen de un gas disminuye a medida que aumenta su presión y que el volumen aumenta con la disminución de la presión. Esta relación se conocería como la ley de Boyle.[103] Este hallazgo ayudó a Boyle a ir más lejos en sus teorías, postulando que los gases estaban compuestos por muchas partículas diminutas con espacios entre ellas que podían comprimirse bajo presión. Su creencia de que quizás la materia estaba compuesta por pequeñas partículas fue innovadora, y solo unos pocos otros científicos corroborarían su teoría en el próximo siglo.

De 1703 a 1727, el presidente de la Sociedad Real fue Sir Isaac Newton, el físico y matemático de fama mundial. Newton se iniciaría en las ciencias desde una edad temprana, y uno de sus descubrimientos más importantes tuvo sus raíces en un evento que tuvo lugar durante sus años en la universidad. Durante un año particularmente malo por la peste, Newton y sus compañeros fueron enviados a casa durante dieciocho meses y se suspendieron los estudios. Mientras estaba en casa, Isaac Newton pasaba el tiempo estudiando y preguntándose sobre los misterios del universo. Un día, mientras estaba sentado en su jardín, vio caer una manzana de un árbol cercano y golpear el suelo. El movimiento de la manzana fascinaría a Newton, que lo inspiró para desarrollar la mecánica física de un universo en el que los objetos eran atraídos por la tierra. Fue el comienzo de una obsesión de por vida con la gravedad y el

---

[103] "Ley de Boyle". *Instituto de Historia de la Ciencia.* Web. 1 de diciembre de 2017.

movimiento físico, así como el comienzo de un nuevo campo de la ciencia, la física.

Newton sería el orgullo de la Sociedad durante una generación, aunque tendría su cuota de críticos dentro de sus miembros. Como uno de sus miembros, Newton completó su gran trabajo, *Philosophiæ Naturalis Principia Mathematica* (Principios Matemáticos de Filosofía Natural), y lo publicaría en 1687. Principia puso de relieve las matemáticas detrás de las fuerzas mecánicas del universo e introduciría al mundo en la teoría de la gravedad. Newton había comenzado estudiando las obras de Johannes Kepler, un astrónomo alemán que dedujo varias leyes del movimiento planetario a partir de sus observaciones astronómicas. Usando sus propias observaciones de las trayectorias de los cometas, las mareas y los movimientos de las estrellas, el Sol y la Luna, Newton formuló sus propias leyes de movimiento. Su trabajo ayudó a la comunidad científica a aceptar finalmente, en su mayor parte, el modelo heliocéntrico del universo propuesto por Copérnico y otros científicos que habían sido demonizados por grupos religiosos.

La Sociedad Real de Londres floreció, actuando como un refugio para los científicos ingleses y un lugar acogedor para que los visitantes internacionales expusieran sus trabajos. La Sociedad perduraría hasta el siglo XIX y todavía existe en la actualidad, aunque en una escala menor. Tal como pretendían sus fundadores, inspiró un gran deseo en los ciudadanos de Inglaterra de aprender más sobre la ciencia moderna. Una de esas personas fue Mary Somerville, un miembro inusual de la lista de la Sociedad debido a su sexo. Aunque la Sociedad creía que solo los hombres debían ser admitidos, estaban interesados en el trabajo de Mary con luz ultravioleta. Ella fue la primera mujer cuyo trabajo, *Las Propiedades Magnéticas de los Rayos Violetas del Espectro Solar*, mereciera una audiencia con los miembros de la Sociedad. Publicado en 1826, el trabajo intentaba demostrar que la luz ultravioleta tenía propiedades magnéticas que podían pasar a objetos metálicos. No obstante, el esposo de Mary sería el invitado a leer el informe en lugar de ella.

Aunque la Sociedad Real de Londres contaría con muchos científicos inteligentes, siguió siendo un espacio solo para hombres hasta 1945. Los hombres y muchas mujeres no identificadas u olvidadas de la Revolución Científica en Inglaterra contribuyeron al mundo con una enorme cantidad de trabajos y datos, que seguirían agregándose con cada generación sucesiva.

# Capítulo Diecisiete – Surge Gran Bretaña

Aunque desde 1603, Inglaterra y Escocia habían compartido un monarca, técnicamente no estaban unidos por la ley. Si las circunstancias lo exigieran, todavía podría haber monarcas diferentes gobernando cada reino, pero el rey Jacobo I había sido inflexible al referirse a sus reinos como Gran Bretaña. Incluso, Jacobo presentó una propuesta al Parlamento después de su coronación para unir formalmente los dos países, pero la iniciativa no sería muy popular. Sin embargo, el rey perseveró durante varios años para tratar de implementar una Iglesia unificada de Escocia e Inglaterra junto con un estado unificado de Gran Bretaña. En 1604, encargó la creación de una nueva bandera que combinaba la cruz roja de Inglaterra en blanco con la X azul de Escocia en blanco. Se la llamó Union Jack, "Jack" es una versión abreviada de "Jacobus", la raíz latina de Jacobo.[104] Finalmente, el plan no tuvo éxito y Jacobo culpó a los ingleses del fracaso.

---

[104] "Unión de las Coronas". *Parlamento*. Web.

Sin embargo, la Unión oficial de las Coronas eventualmente tuvo lugar, pero no hasta 1707. [105] Hubo muchos obstáculos que tendrían que superar los defensores de una unión antes de que realmente se afianzara la idea, incluida, por supuesto, la guerra civil inglesa y la posterior restitución de la monarquía de los Estuardo bajo el rey Carlos II. Durante las siguientes décadas, el tema entraría y saldría del Parlamento, tanto en Inglaterra como en Escocia, ganando y perdiendo apoyo en ciclos. Muchos parlamentarios y miembros del clero de ambos lados no podían ver en que se beneficiarían de tal acuerdo y, por lo tanto, se lo fue postergando eternamente.

Esta situación comenzó a cambiar después de la Gloriosa Revolución de 1688. [106] Al año siguiente, se celebró una convención en Edimburgo con varios obispos escoceses que apoyaban abiertamente una nueva discusión de la idea de una unión. En ese momento, los dos reinos estaban gobernados por el rey Guillermo III y la reina María II, y Guillermo se había apoderado de la corona de su impopular primo católico Jacobo II. Como un protestante que había ayudado a Inglaterra en su lucha contra Francia, Guillermo y su esposa eran muy populares en Escocia e Inglaterra. Los monarcas apoyaban una unión, pero a pesar de su buena reputación, se enfrentarían a críticas abrumadoras sobre el tema por parte de los presbiterianos escoceses y el Parlamento Inglés.

Sin embargo, solo unos pocos años después, Escocia sufriría una recesión económica muy dañina que probablemente convenciera a muchos de sus clérigos y políticos a cambiar de opinión sobre la formación de una unión. Se los llamó los Siete Años de Enfermedad, durante los cuales la crisis financiera y económica de Escocia resultó en el desarrollo de vínculos más estrechos y urgentes con Inglaterra. Comenzando alrededor de 1690, Escocia experimentó siete años de sequía, mal tiempo y escasez de alimentos que fueron tan graves que

---

[105] "Unión de las Coronas". *Parlamento.* Web.
[106] "Pacto Nacional". *Enciclopedia Británica.* Web.

causaron un fuerte aumento en las muertes por inanición.[107] Gran parte de Europa experimentaría el mismo tipo de situación, pero fue particularmente mala en Escocia. Cuando las temperaturas mucho más bajas de lo normal destruyeron los cultivos de avena de los granjeros escoceses en 1693, su fuente principal de alimento se perdería durante años. Para evitar la inanición, los escoceses se vieron obligados a comer lo que pudieran encontrar, incluido pasto y carne podrida. Antes del cambio de siglo, habría otras dos cosechas fallidas.

En esa década hubo otra razón para los problemas de Escocia: la Compañía de Escocia que comerciaba con África y las Indias. Esta nueva empresa fue creada por el Parlamento escocés en 1695 con el propósito de establecer un monopolio comercial escocés.[108] Uno de los objetivos fundamentales de la Compañía de Escocia era establecer una colonia en Panamá, mediante la cual sus barcos mercantes pudieran llegar mejor a América y Asia. Casi todo el financiamiento para el proyecto de la compañía provenía de inversionistas escoceses. Por desgracia, la colonización de Panamá resulto un desastre debido a razones climáticas, de salud y políticas. Los colonos se encontraron luchando contra navegantes españoles que no querían ver naciones europeas rivales en las Américas. Los colonos restantes se fueron, para nunca regresar. En 1700, los inversores de la compañía perdieron más de 150.000 libras.[109]

La devastación causada en Escocia por una pérdida financiera tan grande junto con una agricultura inestable se considera uno de los factores más importantes detrás de la decisión de Escocia de buscar una unión con Inglaterra. En 1702, la reina Ana, hermana de la esposa de Guillermo III, María II, había ascendido al trono de los reinos de Inglaterra, Escocia e Irlanda.[110] A pedido de la reina, los

---

[107] "Los Siete Años de Enfermedad". *Ascendencia*. Web.
[108] "Compañía de Escocia de Comercio con África y las Indias". *RBS*. Web. 2017.
[109] Devine, Tom M. *Recuperando el Pasado de la Esclavitud de Escocia*. 2015.
[110] "Ana". *Enciclopedia Británica*. Web.

Parlamentos de Inglaterra y Escocia acordaron reunirse una vez más para tratar de llegar a un acuerdo de unión satisfactorio.

Para las negociaciones, ambos países seleccionaron a 31 comisionados para actuar en su nombre. Aunque la mayoría de los comisionados escoceses estaban a favor de una unión, una gran mayoría de los ciudadanos escoceses estaban firmemente en contra. Del lado inglés, la mayoría de los comisionados designados también estaban a favor de la unidad. Las negociaciones formales se llevaron a cabo en Londres en 1706, entre el 16 de abril y 22 de julio.[111] Durante esa semana se presentaron muchas inquietudes, incluido el temor de Escocia de que una unión exigiría que cambiaran de religión y el temor de Inglaterra de que Escocia intentara nombrar a un nuevo monarca para su trono. Para calmar estas preocupaciones primarias, los escoceses acordaron un sucesor de la reina Ana, y los ingleses acordaron cambios organizativos mínimos en la Iglesia de Escocia. A los escoceses también se les prometió el acceso directo a los mercados coloniales de Inglaterra.

Ambas partes firmaron la legislación en un tratado oficial el 16 de enero de 1707. Se aprobó por 110 votos a favor y 69 en contra.[112] Daniel Defoe, un eminente folletista político inglés que luego escribiría la novela *Robinson Crusoe*, publicó el siguiente relato de los procedimientos:

> Antes que yo entre a considerar los Procedimientos en el Reino de la Reina ANA, hacia una Unión General de estos Reinos, es absolutamente necesario para la correcta Comprensión de las Cosas, tener una breve visión de la postura de los Asuntos Públicos en los respectivos Reinos, y qué fue lo que hizo que la Unión fuera tan absolutamente Necesaria en ese Momento, como para que todas las Personas Consideradas, que emitieran un Juicio Tolerable de las Cosas,

---

[111] Simpson, Robert. *La Historia de Escocia*. 1846.
[112] Campsie, Alison. "En este día 1707: Tratado de la Unión firmado por el Parlamento Escocés". *El Escocés*. 16 de enero de 2019.

no quedara otro camino para evitar la Guerra más Sangrienta que jamás haya habido entre las dos Naciones ...

Por lo tanto, en ambos Bandos, el caso se interpuso entre las naciones, una Guerra de Pluma y Tinta provocó un Ruido diario en cualquiera de los Reinos, y esto sirvió para Exasperar al Pueblo de tal manera, uno contra otro, como nunca se vio a dos Naciones Abalanzarse una sobre la otra de tal manera, y salir sin ser Lastimada."[113]

Así nació el Reino Unido, que incluía los países de Inglaterra, Escocia, Irlanda y Gales. Pero el Imperio británico, cuyas posesiones incluían territorios en América, Asia y África, solo crecería en tamaño y poder en los años siguientes. El Imperio británico perdió su dominio más fuerte en las Américas cuando los colonos estadounidenses se rebelaron contra el dominio británico en 1776, pero la reina Victoria ayudaría a llevar al imperio de regreso al camino de la dominación cuando se tratara de los territorios que Gran Bretaña tenía en la India.

---

[113] Defoe, Daniel. *La Historia de la Unión de Gran Bretaña*. 1709.

# Capítulo Dieciocho - La Era Victoriana

La era victoriana fue de la mano de la revolución industrial, y como tal, fue un período en auge, influyente e inolvidable en la historia de Inglaterra y el mundo. A su mando estaba la reina Victoria, otra improbable candidata al trono de Inglaterra. Al momento de su coronación en 1837, tenía 18 años, y su gobierno abarcaría Gran Bretaña, Canadá, Australia, India, Nueva Zelanda y partes de África.

Un factor de peso en la cambiante economía y el tejido social de la Gran Bretaña de la época victoriana fue la explosión demográfica. Cuando Victoria asumió como reina, había unos 13.9 millones de británicos, y para el final de su reinado, llegaba a unos 32.5 millones.[114] Este marcado aumento probablemente se debió a mejoras en las ciencias médicas, el saneamiento y el bienestar. La tasa de mortalidad del país cayó y, simultáneamente, aumentó la natalidad. Cuanto más aumentaba la población, mayor era la fuerza laboral de la nación, y al capitalismo le resultaría más fácil afianzarse.

El capitalismo fue de la mano de la Revolución Industrial, para la cual Gran Bretaña sentó las bases por medio de fábricas,

---

[114] Hughes, Trisha. *A-Victoria-Virgen*. 2018.

innovaciones en los combustibles y simple creatividad. La industrialización tuvo lugar rápidamente gracias a los cambios tecnológicos que permitieron la fabricación intensiva de productos valiosos, como textiles, herramientas, ropa y vajilla. Estos cambios implicaban el uso de nuevos tipos de materiales, como acero, hierro, carbón, gas y petróleo. Estos dos últimos se usaron como combustible en motores de combustión que podían impulsar máquinas como la hiladora Jenny y el telar eléctrico. Las máquinas, la abundancia de trabajadores y una fuente de combustible estable podrían combinarse en un negocio productivo de fábricas, y las ventas de artículos producidos en dichas fábricas podían enriquecer a sus propietarios.

El reino de Victoria era el más rico de Europa, así como el primero en industrializarse a gran escala. Sin embargo, mientras los capitalistas y la aristocracia hacían más dinero que nunca, la carga de los pobres de Gran Bretaña empeoraría. Los puestos de trabajo en las fábricas eran abundantes, pero también requerían largas horas de trabajo, sin tiempo para vacaciones, sueldos irrisorios, y peligrosas condiciones de trabajo. Los trabajadores de las fábricas a lo sumo podían mantener a sus familias, y todo el tiempo, la economía de Gran Bretaña siguió en auge con su trabajo mal pago. En cuanto a la gente que no podía encontrar trabajo para nada, se les ordenaba presentarse en su asilo local para realizar trabajos de fábrica a cambio de un espacio para dormir y dos o tres comidas al día.

A pesar de lo difícil que sería para el gobierno de la reina mantenerse al día con todos los cambios que Gran Bretaña estaba experimentando, los médicos y científicos estaban dando grandes pasos hacia adelante. Los tratamientos médicos avanzaban gracias a una mejor comprensión de la anatomía humana, y los muchos médicos del reino se entrenaban en el Colegio Real de Cirujanos de Londres, la Escuela de Medicina de Glasgow o la Escuela de la Universidad Católica de Dublín. Tal como era el caso en la Sociedad Real de Londres, solo los estudiantes varones eran admitidos en esas universidades, donde el estudio de los cadáveres humanos era fundamental para obtener el título.

Los estudiantes llenaban las salas de conferencias de la universidad para ver a los médicos profesionales realizar autopsias en cuerpos en diversos estados de descomposición. Dichas lecciones eran vitales para capacitar a los médicos y también para que el campo de la medicina continuara creciendo a través de ilustraciones detalladas del interior de estos cadáveres. La Ley de Asesinatos de 1751 establecería que ningún asesino condenado podía ser enterrado con otros ciudadanos británicos, por lo tanto, sus cadáveres eran entregados a las escuelas; no obstante, la demanda aún era más alta que la oferta.[115] En Edimburgo, un par de hombres llamados William Burke y William Hare comenzaron un negocio que consistía en matar a sus inquilinos y cambiar los cadáveres frescos por dinero a un médico de Edimburgo. Aunque asesinatos como estos fueron raros, mucha gente desenterraría cuerpos directamente del cementerio para venderlos a universidades de medicina.

Los victorianos estaban obsesionados con la modernidad y la invención, pero también se mostraban rigurosos cuando se trataba de la doctrina de la iglesia. De todos modos, era una época en que la religión se mezclaba liberalmente con unas pocas dosis de superstición y espiritualidad. Las sesiones de espiritismo y la fotografía de espiritismo demostraron ser extremadamente populares en muchos círculos victorianos, ya que miles de hombres y mujeres británicos intentarían establecer contacto con el mundo de los muertos. Los médium victorianos eran famosos por llevar a cabo tales eventos más allá de los límites en los salones de sus clientes, e invocaban a espíritus que evidentemente sacudían mesas, escupían ectoplasma o incluso se encarnaban en un invitado. Se rumoreaba que la reina misma se había puesto en contacto con un médium

---

[115] "El Servicio de Educación de los Archivos Nacionales, Ladrones de Cuerpos". *Los Archivos Nacionales*. Web.

psíquico para ayudarla a comunicarse con su difunto esposo, el príncipe Alberto, pero no se han encontrado tales pruebas.

En 1858, el primer ministro Henry John Temple, más conocido como Lord Palmerston, aprobó la Ley del Gobierno de la India, que disolvería la Compañía de las Indias Orientales, colocando sus propiedades bajo la Corona Británica. La India mantenía una relación de larga data con Gran Bretaña que se remontaba a principios del siglo XVII, cuando la Empresa Comercial de la India oriental estableció puestos comerciales en tierra india. La empresa comercial demostró ser extremadamente exitosa, eventualmente compraría una gran cantidad de tierra y luego simplemente la tomaría por la fuerza. Como tal, esta ley había incluido al gobierno de India, pero antes de que pudiera aprobarse, Lord Palmerston se vio obligado a renunciar como primer ministro, aunque ese mismo año se aprobó un proyecto de ley similar al que había propuesto Lord Palmerston.[116] Sin embargo, no sería sino hasta 1876, después de que Benjamín Disraeli fuera repuesto en el cargo de primer ministro, que Victoria obtendría el título de "Emperatriz de la India". Aunque la Ley del Gobierno de la India había sido aprobada casi dos décadas antes, fue la Ley de Títulos Reales de 1876 la que oficializaría el título. La Ley del Gobierno de la India convirtió a la India en una parte más formal de Gran Bretaña, como lo sería Canadá. Esta situación fue vista por muchos, tanto en India como en Gran Bretaña, como un movimiento positivo que conduciría a sistemas políticos más funcionales. La organización del gobierno del país cambiaría, y aunque a más indios se les permitió puestos de poder local, generalmente se los mantuvo fuera del consejo de gobierno principal.

El reinado de la reina Victoria fue diferente a cualquier otro en la historia de Inglaterra, gracias a una serie de inventos, descubrimientos, proyectos comerciales, estrategias financieras, ganancias políticas y experimentación social sin precedentes. A Victoria se la llamaría la "Abuela de Europa", gracias al hecho de que

---

[116] "India, Ley del Gobierno de India, 1858". *Enciclopedia Británica*. Web.

sus nueve hijos se casaron con otras familias reales del continente, conectando a Inglaterra a una comunidad mucho más grande que nunca. Cuando murió Victoria en 1902, su pueblo había comenzado a comprender la teoría de los gérmenes, mapeado la anatomía humana, inventado máquinas capaces de hacer el trabajo de muchos seres humanos e incluso comenzado a escribir las primeras formas de la ciencia ficción.

# Capítulo Diecinueve – La Primera Guerra Mundial

La Primera Guerra Mundial, también conocida como la gran guerra, fue el primer enfrentamiento militar a gran escala entre naciones de toda Europa con armas modernas. Incluso antes de que comenzara el intenso fuego en todo el continente, la gran guerra estaba en marcha bajo la apariencia de una política extremadamente delicada. La premisa de la guerra fue inicialmente bastante regional y se basó en el asesinato del archiduque de Austria-Hungría Francisco Fernando y su esposa, Sofía, por un rebelde serbio llamado Gavrilo Princip el 28 de junio de 1914. El archiduque y heredero al trono de su país había estado visitando Bosnia en el momento de su asesinato, una nación en la que había una gran agitación política después de su anexión de Turquía a Austria-Hungría. La nación de Serbia había experimentado el mismo trato.

Después del asesinato, el gobierno húngaro-austriaco culparía al gobierno serbio por la muerte de Francisco Fernando y su esposa, la duquesa Sofía de Hohenberg. Declaró la guerra a Serbia el 28 de julio de 1914.[117] Si bien Rusia se alió con Serbia, el Kaiser Guillermo II de

---

[117] "Austria-Hungría declara la guerra a Serbia". *Historia*. Web. 2019.

Alemania no creía que Rusia realmente se involucraría en el conflicto y, por lo tanto, prometió audazmente brindar apoyo a Austria-Hungría. Sin embargo, Rusia bajo el liderazgo del zar Nicolás II, decidió movilizarse y pidió a Francia que se les uniera.

Gran Bretaña estaba obligada a proteger a Francia y Bélgica debido a sus tratados de alianza, y la administración alemana lo sabía; esta última trató de persuadir a Gran Bretaña para que renunciara a sus tratados y se uniera a su causa o dejara que Alemania hiciera lo que quisiera sin más consecuencias. De hecho, era en el mejor interés del Kaiser que Gran Bretaña se mantuviera por completo al margen de la guerra que se avecinaba, tal como había esperado erróneamente de Rusia.

La administración de Kaiser Guillermo II fue la principal responsable del desarrollo de la Primera Guerra Mundial, debido a su respuesta agresiva a la intervención de Rusia para defender a Serbia. El 1 de agosto de 1914, Alemania declaró la guerra a Rusia.[118] EL 3 de agosto declaró la guerra a Francia con el pretexto de defender Austria-Hungría, que no había hecho ninguna declaración.[119] El canciller británico, Sir Edward Gray, exigió que el Kaiser retirara las tropas de Bélgica; Alemania lo ignoró. La esperanza del Kaiser era que librando una guerra victoriosa del lado de Austria-Hungría, Alemania recibiría una gran parte del botín de guerra, particularmente en términos de tierra.

El 4 de agosto, el primer ministro Herbert Henry Asquith, más conocido como H.H. Asquith, recomendó al rey Jorge V de Gran Bretaña que declararan la guerra. Las razones básicas de la declaración de guerra de Gran Bretaña se basaron en brindar apoyo a Francia y evitar que el Partido Liberal, al que pertenecía H.H. Asquith, se separara. En el gobierno británico, los poderosos liberales amenazaron con renunciar si el gobierno no aceptaba enviar ayuda de guerra a Francia, lo que significaba que había que encontrar una

---

[118] "Cronología de la Primera Guerra Mundial". *Historia en la Red.* Web. 2019.
[119] Ibidem.

solución para mantener al Parlamento en funcionamiento. La amenaza resultaba irónica, dada la poderosa facción antibelicista de los liberales. No obstante, argumentaron que tenían alianzas existentes que los hacían responsables de brindar apoyo a sus aliados franceses en tiempos de guerra.[120] Además, el gobierno reconoció que los puertos de Bélgica estaban cerca de las costas británicas y, por lo tanto, el control alemán de Bélgica constituía una seria amenaza para Gran Bretaña. El rey Jorge V declararía la guerra a Alemania en el espacio de unas pocas horas después de que los alemanes ocuparan Bélgica.

En ese momento, el Reino Unido tenía un imperio abrumadoramente grande que debía mantener y proteger. Además, Gran Bretaña no quería ver surgir ninguna otra superpotencia europea, antes o después de la guerra. Con esto en mente, el gobierno comenzó a elaborar un plan para proporcionar ayuda a sus aliados y mantener su propia reputación como la gran potencia económica de Europa. Ese plan dependía en gran medida de la principal fuente de riqueza de Gran Bretaña en ese momento, la India. La India no solo le era útil en términos del comercio del té, sino que también era un gran recurso de mano de obra. Al decidir entrar en la gran guerra, tanto el rey Jorge V como su gobierno sabían muy bien que la India tendría que proporcionarles un gran número de soldados para el esfuerzo de guerra.

Como lo había sido durante siglos, el mayor recurso militar de Gran Bretaña era su armada. La Armada Real había protegido a las Islas Británicas de los ataques europeos desde el siglo XVI, y de forma espectacular, muchas veces había mantenido a raya a la Armada española durante el reinado de la reina Isabel I. Habiendo desarrollado y dependido de grandes buques de guerra durante gran parte de su historia. Gran Bretaña, una vez más, confió en la capacidad de sus combatientes para proteger la costa y enfrentarse a sus enemigos en combates en el mar.

---

[120] Ibidem.

La primera gran batalla de la gran guerra tuvo lugar ese mismo mes después de que el ejército ruso entrara en Alemania. A los rusos se les hacía difícil hacer llegar suministros a su gente debido a las diferencias en la trocha entre el ferrocarril de Rusia y Prusia, pero el zar estaba decidido a luchar por la victoria luego de una vergonzosa pérdida de la guerra anterior con Japón. Por otro lado, los alemanes utilizaron su sistema ferroviario para rodear al 2º cuerpo del ejército ruso en Tannenberg, que actualmente forma parte de Polonia. La batalla resultaría en una derrota enorme para los rusos, quienes verían a 125.000 soldados hechos prisioneros por los alemanes.[121]

Japón también declaró la guerra a Alemania en agosto, de acuerdo con un tratado de alianza que había firmado con Gran Bretaña en 1902.[122] El Imperio otomano (actual Turquía) entró en la guerra del lado de Austria-Hungría y Alemania, después de lo cual Rusia declaró oficialmente la guerra al Imperio otomano. En Gran Bretaña, el gobierno esperaba que todo hubiera terminado por Navidad, pero estaban muy equivocados. Aunque los rusos habían perdido cientos de miles de soldados y Alemania seguramente había perdido la esperanza de lograr una victoria fácil, la guerra continuaría. En diciembre, los zepelines alemanes comenzaron a aparecer en la costa británica. En el agua, los submarinos alemanes intentaron tomar el control del mar del Norte.

Una de las funciones más importantes de la Armada Real en este momento, sería defender y mantener las rutas de suministro en el mar del Norte. Mientras se libraban batallas en el continente, los barcos británicos mantuvieron a raya a los submarinos para que los suministros pudieran continuar llegando a sus aliados y su patria. Esto preservaría el comercio marítimo entre las potencias aliadas y sus socios comerciales, incluidos los Estados Unidos de América. Mientras que la Armada Real mantenía el control del mar, sus tropas

---

[121] "Cronología de la Primera Guerra Mundial". *Historia en la Red*. Web. 2019.
[122] Ibidem.

terrestres, incluidas las de la India, luchaban junto a sus camaradas en Francia.

Sin embargo, Gran Bretaña se estaba quedando sin personal militar, y en enero de 1916, el gobierno se sintió obligado a comenzar a reclutar hombres aptos para ese servicio.[123] No fue una decisión que el Partido Liberal tomara a la ligera, esos miembros del Parlamento argumentarían que obligar a los ciudadanos británicos a luchar no los haría mejores que el Kaiser, que confiaba en los mismos métodos. La Ley del Servicio Militar, como se la llamó, establecía que los hombres solteros entre los 18 y 41 años podían ser reclutados para el servicio militar, excepto aquellos que fueran viudos con hijos, líderes religiosos o trabajadores en industrias esenciales.

El 31 de mayo de 1916, se produjo una gran batalla naval en Jutlandia, una península de Dinamarca. Con la esperanza de romper la flota británica y destruirla pieza por pieza, las fuerzas alemanas confinadas al puerto por un bloqueo naval británico salieron a la lucha. El vicealmirante británico David Richard Beatty, consciente de que las tácticas navales de los alemanes eran las mismas que las utilizadas por Lord Nelson durante las guerras napoleónicas, envió hábilmente una fuerza más pequeña para atraerlos al alcance de su flota principal. La táctica resultó fructífera, aunque el segundo día de lucha vio grandes pérdidas en el lado británico. Sin embargo, los alemanes finalmente se retiraron y los mares permanecieron bajo el control de los británicos. Más tarde ese mismo año, los aviones de combate alemanes empezarían a dañar seriamente a Gran Bretaña por primera vez, comenzando una serie de ataques terroríficos y esporádicos directamente sobre Londres y el sureste de Inglaterra.

Después de la sangrienta batalla del Somme en Francia, en el transcurso de cinco meses a mediados o la segunda mitad de 1916, el primer ministro británico Lloyd George le suplicó a su gobierno que eligiera un nuevo comandante en jefe. No menos de 420.000

---

[123] "Reclutamiento: La Primera Guerra Mundial". *Parlamento*. Web.

soldados británicos habían muerto en el Somme, el rey Jorge estaba horrorizado por la actitud del ministro hacia pérdidas tan grandes.[124] En lugar de reemplazar al comandante en jefe de las fuerzas británicas, Sir Douglas Haig, el gobierno decidió nombrar a un nuevo hombre con autoridad por encima de Haig. La solución sería el nombramiento del general francés Robert Nivelle. Cuando ambos hombres demostraron ser decepcionantes en su desempeño en la batalla de Passchendaele, que tuviera lugar en Bélgica en 1917, el rey Jorge convocó al veterano del ejército Winston Churchill al Gabinete para servir como ministro de armamento.

En febrero de 1917, la Armada Real británica se enfrentó a una oleada de submarinos debido a la orden de Alemania de que la guerra por mar tuviera más prioridad.[125] Se ordenó a los alemanes que hundieran tanto buques aliados como neutrales, y en solo un mes se hundieron más de un millón de toneladas en barcos.[126] Tras el aumento de la violencia, los países neutrales dudaron en enviar mercancías a Gran Bretaña, lo que obligó al primer ministro Lloyd George a asignar a cada envío un convoy de protección. Poco después, el 6 de abril, los Estados Unidos de América declararían la guerra a Alemania en represalia por hundir varios de sus buques mercantes. En Gran Bretaña, el rey Jorge V cambió oficialmente el nombre de su familia de Sajonia-Coburgo-Gotha, que recordaba su ascendencia alemana, a Windsor.

El último año de la guerra, 1918, comenzó terriblemente para los aliados. La revolución rusa había tenido lugar y el zar Nicolás II había sido depuesto. Buscando el fin de la guerra después de las enormes pérdidas de soldados y dinero, los bolcheviques a cargo del gobierno interino ruso firmaron un armisticio con Alemania. Los términos del tratado exigían que Rusia entregara Polonia, Ucrania y otras tierras ocupadas a Alemania y que Rusia pagara 300 millones de rublos por

---

[124] "Cronología de la Primera Guerra Mundial". *Historia en la Red.* Web. 2019.
[125] Ibidem.
[126] Ibidem.

la devolución de sus prisioneros de guerra.[127] Ese mismo año, en julio, el zar Nicolás II y su familia fueron asesinados.

No obstante, en abril se había formado oficialmente en Gran Bretaña la Fuerza Aérea Real (RAF) y todos los integrantes de las fuerzas armadas lucharon duramente junto con los aliados restantes. En octubre liberaron gran parte de Francia y Bélgica con una gran embestida llamada la Ofensiva de los Cien Días, que comenzara a principios de agosto, y aceptaron un armisticio con el Imperio otomano. Para el 9 de noviembre, el Kaiser Guillermo II abdicaba en el trono, y dos días después, se firmaría un armisticio total que puso fin a la guerra en la undécima hora del undécimo día del undécimo mes.

---

[127] "Cronología de la Primera Guerra Mundial". *Historia en la Red.* Web. 2019.

# Capítulo Veinte -Las Rebeliones Irlandesas

El 11 de noviembre de 1918, una enorme multitud se reunió en Londres para celebrar el final de la guerra. El país se mostraba feliz y no sólo porque había terminado la guerra. Ese mismo junio, se les había otorgado el derecho a votar en las elecciones a todos los hombres mayores de 21 años gracias a la Ley de Representación del Pueblo. Las mujeres mayores de treinta años también tuvieron derecho al voto.

Después de la guerra, el país tuvo que enfrentar otros problemas políticos incluidos las secuelas de la rebelión de Irlanda en 1916. También conocida como el Levantamiento de Pascua, esta rebelión fue una insurrección armada cuyo propósito era poner fin al dominio británico en Irlanda. Los insurgentes querían crear la República irlandesa independiente, e hicieron su movimiento mientras Gran Bretaña estaba distraída por los acontecimientos de la Primera Guerra Mundial. El Levantamiento de Pascua duraría seis días, había sido organizado por un consejo militar de siete miembros de la Hermandad Republicana Irlandesa. Varios grupos rebeldes irlandeses, liderados por Patrick Pearse y James Connolly, tomaron posiciones clave en Dublín y proclamaron que habían tomado la ciudad con el propósito de establecer la República Irlandesa libre. El ejército británico trajo a miles de soldados, así como artillería y una lancha cañonera. Hubo violentas batallas en las calles de Dublín y pequeñas escaramuzas en las zonas rurales, pero las fuerzas británicas finalmente derrotaron a los rebeldes irlandeses y retomaron el control.

El sábado 29 de abril, Pearse emitió una orden para que todos los rebeldes se rindieran. Pearse ofreció personalmente su rendición incondicional en nombre de los republicanos irlandeses al general de brigada británico William Lowe. El documento de la rendición decía lo siguiente:

> Para evitar una mayor matanza de ciudadanos de Dublín, y con la esperanza de salvar las vidas de nuestros seguidores ahora rodeados y superados en número, los miembros del Gobierno Provisional presentes en la sede han acordado una rendición incondicional, y los comandantes de los diversos los distritos de la ciudad y el condado ordenarán a sus comandos deponer las armas.[128]

Lo que siguió fue una investigación formal de Gran Bretaña sobre el incidente, así como múltiples arrestos, juicios y ejecuciones. Fueron arrestadas un total de 3.509 personas, en su mayoría miembros del grupo Sinn Féin. Los investigadores británicos pensaron erróneamente que el Sinn Féin, un partido político de izquierda formado en 1905 para presionar al gobierno a favor de la independencia irlandesa había sido el responsable del levantamiento.[129] Aunque se emitirían casi 200 condenas de muerte, en total solo se ejecutaron a 15 personas, en procedimientos judiciales, la mayoría a través de un pelotón de fusilamiento.[130] Entre

---

[128] "Hoja impresa que anuncia la rendición incondicional de las fuerzas rebeldes, 30 de abril de 1916". *Museo Nacional del Ejército*. Web.
[129] Cavendish, Richard. "La Fundación del Sinn Fein". *Historia Hoy*. Web.
[130] Hegarty, Shane and O'Toole, Fintan. "El Levantamiento de Pascua 1916". *The Irish Times*. 2016.

los muertos se encontraban Patrick Pearse y James Connolly. Una mujer, Constance Markievicz, fue condenada a aislamiento solitario, y 1.836 hombres fueron condenados a prisión en las cárceles y campos de internamiento ingleses y galeses.[131] Es muy probable que algunos de estos prisioneros hayan tenido poco o nada que ver con la rebelión.

Con el gobierno militar establecido en Irlanda después de la sublevación, Irlanda observó cómo los revolucionarios eran masacrados sin distinción por los británicos. En medio de tal violencia, incluso aquellos que habían estado en contra de la independencia comenzaron a pensar de forma diferente sobre el establecimiento de la República de Irlanda. El sentimiento de odio hacia los británicos se hizo irreversible, poniendo al a Irlanda aún más firmemente en el camino hacia la independencia. Las elecciones generales irlandesas de 1918 vieron una gran victoria del partido Sinn Féin, y al año siguiente, se fundaría el Ejército Republicano Irlandés estrechamente relacionado con el Sinn Féin.[132] El 21 de enero de 1919, el Sinn Féin dio un golpe de estado exitoso que lo dejó con el control total del gobierno, y declaró la independencia de Irlanda.[133] Durante los siguientes tres años, continuaron los enfrentamientos violentos entre los republicanos irlandeses y el ejército británico hasta que finalmente las conversaciones de paz dieron lugar al Tratado anglo-irlandés, que entró en vigencia el 6 de diciembre de 1921.[134] El tratado creó una división política entre el noreste de Irlanda la porción más grande del sur y el oeste, donde la fractura religiosa y política se hizo más evidente.

En los años siguientes, las negociaciones y la violencia continuaron sacudiendo a Irlanda, que finalmente se convirtieron en una guerra

---

[131] Foy, Michael and Barton, Brian. *El Levantamiento de Pascua.* 2011.

[132] O'Toole, Fintan. "La elección de 1918 fue un momento increíble para Irlanda". *The Irish Times.* 2018.

[133] "La Independencia de Irlanda: Por qué enero de 1919 es una fecha importante". *BBC.* Web. 21 de enero de 2019.

[134] "Tratado Anglo Irlandés - 6 de diciembre de 1921". *Los Archivos Nacionales de Irlanda.* Web.

civil entre Irlanda del Norte y del Sur. La lucha interna concluyó con varios borradores de una Constitución del Estado Libre de Irlanda, el primero de los cuales fue aprobado en 1922.[135] Más tarde se renombraría al Estado, República de Irlanda. Las partes sur y oeste de Irlanda se separaron oficialmente de Gran Bretaña; la región del noreste se convirtió en Irlanda del Norte, que aún hoy permanece bajo la administración británica. Irlanda del Norte no solo albergaba a la mayoría de los leales a Gran Bretaña, sino también a la mayoría de los anglicanos. En el sur, los católicos eran mayoría.

La primera sección de la Constitución de Irlanda dice lo siguiente:

ARTICULO 1

Por la presente, la nación irlandesa afirma su derecho inalienable, invencible y soberano de elegir su forma de gobierno, determinar sus relaciones con otras naciones y desarrollar su vida, política, económica y cultural, de acuerdo con su propio genio y tradiciones.

ARTÍCULO 2

Es el derecho inalienable y el derecho de nacimiento de cada persona nacida en la isla de Irlanda, que incluye sus islas y mares, ser parte de la nación irlandesa. Ese es también el derecho de todas las personas calificadas de acuerdo con la ley, a ser ciudadanos de Irlanda. Además, la nación irlandesa expresa su afinidad especial con las personas de ascendencia irlandesa que viven en el extranjero y que comparten su identidad y herencia cultural.

ARTÍCULO 3

Es la firme voluntad de la nación irlandesa, en armonía y amistad, unir a todas las personas que comparten el territorio de la isla de Irlanda, en toda la diversidad de sus identidades y tradiciones, reconociendo que solo se creará una Irlanda

---

[135] "Historia del Parlamento en Irlanda". *Casas de los Oireachtas*. Web.

unida. por medios pacíficos con el consentimiento de la mayoría del pueblo, expresado democráticamente, en ambas jurisdicciones de la isla.[136]

Aunque el objetivo final del Estado Libre de Irlanda eventualmente era incorporar a Irlanda del Norte en su cuerpo político, las dos regiones siguieron en desacuerdo entre sí en cuanto a su futuro religioso y económico. El sentimiento anti-irlandés en Inglaterra se vio muy exacerbado durante un tiempo, pero había tantas otras cuestiones apremiantes que su monarca y el pueblo debían resolver, que gran parte de la discordia entre los dos países cayó en el olvido a tiempo.

---

[136] "Constitución de Irlanda". *Libro electrónico de los Estatutos Irlandeses*. Web.

# Capítulo Veintiuno - La Inglaterra del Siglo XX

En el resto de Gran Bretaña, los efectos de la rebelión irlandesa y su lucha por la independencia serían perjudiciales en dos aspectos. Primero, la tensión militar y financiera que enfrentó Gran Bretaña fue inmensa al tratar de sobrepasarlos en número y superar las manifestaciones organizadas y los golpes políticos en Irlanda. Especialmente teniendo en cuenta el momento, durante e inmediatamente después de la Primera Guerra Mundial, fue difícil para un reino que una vez fuera inmenso, consolidar y aceptar su poder decreciente en las Islas Británicas y en el extranjero.

También estaba cambiando la política dentro de Inglaterra, en parte debido al hecho de que millones de británicos podían votar por primera vez y en parte porque el país enfrentaba nuevos desafíos después del cambio de siglo.

Aunque fue el gobierno del primer ministro Lloyd George el que puso en práctica la nueva ley de votación, su Partido Liberal se fragmentó profundamente entre los partidarios de Lloyd George y los partidarios del anterior primer ministro, Herbert Henry Asquith. La división debilitó severamente al Partido Liberal, que llegó al punto de perder el control sobre el público votante británico. Al mismo tiempo, la economía de la posguerra se contrajo cuando la construcción naval, la minería del carbón y la fabricación de acero ya no eran necesarias para apoyar el esfuerzo de guerra, y miles de mujeres que habían ganado salarios mientras los hombres luchaban, se vieron obligadas a renunciar a sus trabajos en favor de los soldados que regresaban.

Las huelgas se volvieron comunes a medida que los obreros de las industrias se sindicalizaban en toda Gran Bretaña. Incluso la policía de Londres en 1918 organizó una gigantesca huelga en apoyo de su sindicato. El primer ministro Lloyd George describiría la situación diciendo: "Este país estuvo más cerca del bolchevismo ese día que en cualquier otro momento desde entonces".[137]

En 1919 se produjo una serie de huelgas de mineros y trabajadores ferroviarios destinada a conseguir salarios más altos para los trabajadores, y en medio de las huelgas, las tasas de desempleo aumentaron en otros sectores. Las huelgas comenzaron a finales de enero en Glasgow, Escocia, y en Belfast, Irlanda del Norte. Después del armisticio europeo que terminara con la Primera Guerra Mundial, los ingenieros de toda Gran Bretaña trabajaban 54 horas por semana, lo que, en gran parte, inspiró la huelga de 40 horas de enero y su propósito de exigir una semana laboral de 40 horas. Más de 100.000 empleados serían liderados por comités de huelga, y durante el período, hubo reuniones públicas diarias y piquetes.[138] El comité de huelga solicitó que los tranvías de transporte dejaran las calles por la huelga, pero las autoridades se negaron a alterar los horarios. Como resultado, los huelguistas cortaron las líneas aéreas de cables de los tranvías, paralizando todo el sistema de tranvías.

Si la policía trataba de intervenir, eran expulsados. El ingeniero del astillero Harry McShane describiría un incidente en el que la policía trató de evitar que los huelguistas cortaran las líneas de un tranvía:

---

[137] Sherry, Julie. "1919 Gran Bretaña en Revuelta". *Trabajador Socialista*. Web.
[138] Sherry, Julie. "1919 Gran Bretaña en Revuelta". *Trabajador Socialista*. Web.

"Los huelguistas le quitaron la ropa y tuvieron que huir desnudos"[139]. A pesar de los problemas con la policía y los funcionarios del gobierno, los sindicatos siguieron adelante con la huelga. Se estima que 2.4 millones de trabajadores británicos se declararon en huelga a lo largo de 1919. La mayoría provenían de los sectores ferroviario y minero, los cuales estaban principalmente bajo control del gobierno. Un informe diario especial emitido por el Ministerio de Trabajo el 24 de julio de 1919 declaró que, aunque algunos mineros estaban considerando volver a trabajar, muchos de los pozos de carbón se inundaron y los voluntarios y miembros de bajo rango de la Armada Real los hicieron funcionar de manera ineficiente.[140]

El "Viernes Sangriento" de 1921, la policía atacó a una multitud de huelguistas el último día de enero en George Square, Glasgow. Aunque se arrojaron botellas y la policía usó sus palos, no se produjo ninguna muerte. Sin embargo, al día siguiente, rápidamente se hizo evidente que el gobierno había enviado una unidad militar desde Inglaterra, junto con tanques y cañones de campaña. A pesar de la amenaza, ese día de mayo, 100.000 trabajadores volvieron a la huelga.[141]

Las revueltas de los trabajadores fueron fundamentales para asegurar la primera elección del Partido Laborista de Gran Bretaña en 1924, el cual formaría un gobierno de coalición bajo el liderazgo del Primer Ministro Ramsay MacDonald. Uno de los principales problemas que enfrentó el primer ministro laborista de Gran Bretaña fue el de la deuda. Durante la guerra, el país había acumulado deudas equivalentes al 136 por ciento de su producto nacional bruto, y gran parte de ese dinero provenía de los Estados Unidos de América.[142]

---

[139] Ibidem.
[140] "Disturbios laborales: huelga de mineros del carbón, 1919". *Los Archivos Nacionales*. Web.
[141] Sherry, Julie. "1919 Gran Bretaña en Revuelta". *Trabajador Socialista*. Web.
[142] "Gran Bretaña después de la guerra". *Los Archivos Nacionales*. Web.

Estados Unidos estaba pasando por un auge económico, mientras Gran Bretaña estaba en dificultades.

Aunque MacDonald se vio obligado a comprometerse con muchas de las políticas de su partido debido a su liderazgo en un gobierno de coalición, logró aprobar la Ley de Vivienda de 1924. La Ley de Vivienda fue creada para aliviar la crisis de la vivienda debido a la escasez de viviendas disponibles. Los proyectos de construcción residencial se redujeron significativamente durante la guerra, y el Partido Laborista sabía que había que hacer algo para que la clase trabajadora de Gran Bretaña pudiera encontrar una vez más viviendas en alquiler asequibles y de calidad. Los gobiernos conservadores tradicionales habían propuesto la privatización como una solución al mismo problema, pero los miembros de la coalición de MacDonald estaban dispuestos a seguir adelante con las viviendas municipales. Para 1933, esta única legislación había financiado el desarrollo de 521.700 viviendas en alquiler.[143]

Bajo el liderazgo del Partido Laborista, se legisló una serie de reformas para el bienestar, incluido el acceso a beneficios financieros y al seguro de desempleo. Los hogares que tenían dificultades financieras ahora tenían una mayor cobertura gubernamental para los hijos, así como beneficios de desempleo para hombres y mujeres. Se incrementaron los pagos y se erradicó el período obligatorio para que se pudiera acceder a los fondos del gobierno. Se aumentaron las pensiones jubilatorias, así como las pensiones para viudas y veteranos de guerra. Se reincorporó el salario mínimo para los trabajadores agrícolas, se legisló la compensación para los trabajadores y las escuelas recibieron un impresionante aumento de dinero de las subvenciones federales.

El primer ministro MacDonald también cumplía las funciones de secretario de Relaciones Exteriores del país, y en este último cargo, centró su atención en las relaciones entre Alemania, Bélgica y Francia.

---

[143] Harmer, Harry. *El Compañero Longman al Partido Laborista 1900-1998.* 1999.

Alemania recibió la orden de pagar reparaciones a los Aliados, pero no podría mantener los pagos. Francia y Bélgica, en lugar de pagar, ocuparon la región económica más importante de Alemania, el Ruhr. Gracias a un gran esfuerzo diplomático por parte de MacDonald y un estadounidense llamado Charles Dawes, Francia finalmente acordó darle tempo a Alemania para recuperar su economía antes de que tuviera que hacer pagos.

Poco a poco, pero de manera constante, las condiciones de vida de la clase trabajadora en Gran Bretaña aumentaron, y el sector industrial se puso de pie. El Partido Laborista perdió las próximas elecciones, pero en 1929 lo votaron una vez más, justo a tiempo para ver nuevamente el colapso de la economía mundial.

# Capítulo Veintidós - Eduardo VIII

El rey Jorge V celebró su Jubileo de plata en 1935 a los setenta años. Fue un monarca popular, habiéndose ganado una buena reputación con el Partido Laborista y con los sindicatos de trabajadores durante la depresión económica de la década de 1930. Se consideraba que el rey Jorge era trabajador y leal a su país, así como que estaba en contacto con las clases medias más que sus predecesores. Sin embargo, la salud del rey no había sido la misma desde la caída de su caballo mientras visitaba a las tropas en 1915. Sufría de una obstrucción pulmonar, que lo dejaría con oxígeno durante todo el año del Jubileo de Plata. En enero de 1936, cayó inconsciente en cama y permaneció allí durante cinco días, entrando y saliendo intermitente del estado de conciencia. El 20 de enero de 1936, el médico real le administró dosis letales de morfina y cocaína; poco después fallecía.[144]

Tras la muerte del rey, la corona recaería sobre su hijo mayor, Eduardo. Eduardo, príncipe de Gales, tenía 41 años cuando se convirtiera en rey de Gran Bretaña e Irlanda del Norte, así como emperador de la India.

---

[144] Ibidem.

El príncipe Eduardo VIII conoció a Wallis Simpson, una divorciada estadounidense, en junio de 1931. Los dos se conocieron en una fiesta organizada por Lady Thelma Furness, una amante de Eduardo, y pronto se volvieron inseparables. Habiéndose mudado recientemente a Londres con su familia, Wallis Simpson llamó rápidamente la atención del príncipe, quien era un famoso mujeriego. Sin embargo, esta vez el príncipe Eduardo no se cansó de su compañera, ni continuó viendo a otras mujeres mientras estuvieron juntos. Se había enamorado profundamente, pero desafortunadamente para un miembro de la familia real, casarse con una divorciada simplemente no estaba permitido. Además, se esperaba que el futuro rey de Inglaterra se casara con un miembro de la aristocracia europea y ciertamente no eligiera a una estadounidense como novia.

Sin embargo, Eduardo estaba decidido y se negó a romper su relación con Simpson. Harto de las expectativas que la corona había puesto en él, el 11 de diciembre de 1936 el rey Eduardo hizo un sorprendente anuncio por radio.[145]

> Por fin puedo decir algunas palabras realmente mías. Nunca he querido esconder nada, pero hasta ahora, por la constitución, no me ha sido posible hablar.
>
> Hace unas horas cumplí mi último deber como Rey y Emperador, y ahora que mi hermano, el duque de York, me sucedió, mis primeras palabras deben ser declararle mi lealtad. Esto lo hago con todo mi corazón.
>
> Todos ustedes saben las razones que me han impulsado a renunciar al trono. Pero quiero que entiendan que, al decidirme, no olvidé el país o el imperio, que, como Príncipe de Gales y últimamente como Rey, he intentado servir durante veinticinco años.

---

[145] Sheddon, David. "Hoy en la Historia de los Medios: Las estaciones de radio transmitieron el discurso de abdicación de 1936 del rey Eduardo VIII". *Poynter* 11 de diciembre de 2014.

Pero deben creerme cuando les digo que me ha resultado imposible llevar la pesada carga de la responsabilidad y cumplir con mis deberes como Rey como quisiera, sin la ayuda y el apoyo de la mujer que amo.[146]

Después de la abdicación oficial, Eduardo recibió un nuevo título: Su Alteza Real, duque de Windsor. En 1937, se casó con Wallis Simpson en una ceremonia privada en Francia.[147] Los recién casados se quedaron en París durante varios años, simplemente disfrutando de la mutua compañía y de la de sus muchos amigos. Aun siendo una gran noticia en Inglaterra, el duque y su esposa a menudo aparecían en los periódicos, organizando fiestas lujosas y gastando grandes sumas de dinero de compras en la capital francesa.

El rey Jorge VI, hermano de Eduardo, gentilmente le había permitido a Eduardo considerada de la retener la parte de "Alteza Real" de su título, pero estipularía específicamente que Wallis Simpson no recibiría la misma cortesía. Aunque nunca había sido considerada de la realeza, era habitual que el cónyuge de un miembro de la realeza disfrutara de un título conjunto. Eduardo estaba furioso por lo que creía que era un gesto grosero, pero a Wallis todavía se le permitía usar el título complementario duquesa de Windsor.

Como parte del acuerdo de abdicación, Eduard recibió un subsidio libre de impuestos de su hermano para cubrir sus gastos de subsistencia. El otrora rey agregaría a esta cantidad el dinero obtenido de la venta de sus memorias a un editor y del Castillo Balmoral y de Sandringham House al nuevo rey. Ninguno de esos bienes formaba parte del patrimonio real, sino que habían pasado a Eduardo en privado por herencia.

Probablemente aburrido, Eduardo contactó a su hermano para preguntarle si podría haber un trabajo para él en política. Al rey Jorge V no le sería nada fácil cumplir con el pedido de Eduardo, dado que

---

[146] "Eduardo VIII Abdica al Trono". *El Lugar en la Historia*. Web.
[147] "Eduardo VIII". *Biografía*. Web.

el duque y la duquesa de Windsor ya habían desoído su consejo al reunirse con Adolf Hitler en octubre de 1937.[148] La reunión fue muy controvertida, y circularon rumores de que Eduardo era un partidario de Hitler y el régimen nazi. En defensa del duque de Windsor, los miembros de su personal después explicarían que Eduardo simplemente se había apresurado a aceptar la invitación de Hitler porque estaba ansioso por llevar a su esposa a una visita de estado donde ella pudiera gozar del respeto que él creía que merecía.

Muy pronto, incluso Eduardo y su esposa tuvieron que refugiarse del régimen nazi, y mientras estaban refugiados en Lisboa, el rey Jorge VI le otorgó a su hermano el cargo de gobernador de las Bahamas. Era una posición aparentemente de poca monta para un miembro del círculo íntimo de la familia real, pero para Eduardo y Wallis, fue una invitación de bienvenida. Para la familia real, este cargo no solo mantendría ocupado a Eduardo, sino que también lo mantendría al margen de los acontecimientos.

---

[148] "Cuando el Duque de Windsor conoció a Adolf Hitler". *Noticias de la BBC.* Web. 2016.

# Capítulo Veintitrés -La Segunda Guerra Mundial

Con el rey Jorge VI todavía recuperándose de su precipitada e inesperada herencia del trono, Europa nuevamente fue arrojada a la guerra. Una vez más, Alemania fue el principal antagonista, aunque a diferencia de la Primera Guerra Mundial, toda Europa había visto el ascenso al poder de Adolf Hitler y lo había estado observando cuidadosamente, esperando ver si sobrepasaba los límites como lo había hecho en 1914 la administración anterior de Alemania.

    Adolf Hitler había sido elegido canciller de Alemania en 1933, y rápidamente ganó un estatus dictatorial en base a una plataforma de violencia y miedo.[149] Creyendo que todos los pueblos de ascendencia alemana tenían que estar gobernados colectivamente como una solo, comenzó a anexar pequeños territorios de otros países que tuvieran importantes poblaciones alemanas. Primero, anexó Austria; luego, ocupó los Sudetes de Checoslovaquia. Aduciendo sus demandas por la emancipación del pueblo alemán, Hitler rápida y descaradamente llevó al continente al borde de la guerra, justo cuando Europa se estaba recuperando de la Primera Guerra Mundial.

---

[149] "Adolf Hitler". *Enciclopedia Británica.* Web.

Ante la perspectiva de que estallara algún conflicto, el primer ministro británico, Neville Chamberlain, se apresuró a ir a Alemania para reunirse con el dictador y tratar de negociar la paz. En Múnich, Chamberlain se reunió con Hitler, el primer ministro de Francia Édouard Daladier, y de Italia, Benito Mussolini. Todos los miembros del comité acordaron que era razonable que la parte alemana de Checoslovaquia, los Sudetes, pasara al dominio alemán, a pesar de que no estuvieran presentes diplomáticos o líderes de Checoslovaquia para argumentar en contra de la decisión. Peligrosamente superados en número, los checos permitieron que esta región fronteriza volviera a Alemania.

Los Sudetes ni remotamente fueron suficientes para Hitler, a pesar de las expresas esperanzas de Chamberlain de que si lo fueran. Apenas seis meses después del acuerdo de Múnich, los ejércitos de Hitler marcharon directamente sobre Checoslovaquia y establecieron el gobierno militar. En septiembre de 1939, el ejército alemán ocuparía Polonia, rompiendo abiertamente el pacto que Hitler había hecho con la Unión Soviética.[150] Dos días más tarde, el 3 de septiembre de 1939, Gran Bretaña y Francia declaraban la guerra a Alemania.[151]

Gran Bretaña no dio nada por sentado, habiendo logrado salir de las profundidades de la deuda y las crisis económicas después de la Primera Guerra Mundial. El gobierno restableció inmediatamente el servicio militar obligatorio y estableció un sistema secreto de alertas por radar a lo largo de la costa este. La Marina Real se movilizó para establecer un bloqueo naval en Alemania, y comenzó a racionarse el gas para ahorrar todo lo posible para el esfuerzo de guerra.[152]

Hasta la primavera de 1940, no hubo casi ningún movimiento por parte de Hitler. En ese momento, sus ejércitos atacaron y tomaron el

---

[150] "Cronología de la Segunda Guerra Mundial. *Historia en la Red*. Web.
[151] Ibidem.
[152] "Lo que Tiene que Saber Sobre el Racionamiento en la Segunda Guerra Mundial". *Museo Imperial de la Guerra*. Web. 2018.

control de Noruega, Dinamarca, los Países Bajos y Bélgica.[153] Inmediatamente después, Neville Chamberlain renunciaba como primer ministro de Gran Bretaña, y Winston Churchill fue elegido como primer ministro. El gobierno de Churchill se movió rápidamente, reclutando trabajadores de fábricas y minas de carbón y aumentando la fabricación de aviones de combate.

El gobierno británico implementaría el racionamiento de alimentos en enero de 1940,[154] para hacer frente a la escasez de alimentos provocada por la guerra en curso, ya que la guerra agotó rápidamente grandes reservas de recursos y dificultó la recepción de más suministros de otros países. El racionamiento estaba regulado por el Ministerio de Alimentos, que proveía a cada ciudadano británico, incluyendo hombres, mujeres y niños, de un talonario de racionamiento llena de cupones. Los cupones eran necesarios para comprar cualquier alimento que hubiera sido incluido en la lista de racionamiento, y los compradores podían encontrarlos en una variedad de distribuidores. Cada comprador tenía que registrarse con estos proveedores para poder comprar cualquier cosa usando los cupones de racionamiento.

El suministro de cupones permitía comprar directamente productos básicos de cocina como azúcar, carne, grasas, tocino y queso. Otros alimentos enumerados por el Ministerio de Alimentos incluían productos enlatados, frutas secas, cereales y dulces. La distribución de dichos bienes cambiaba según la disponibilidad de productos y la demanda del consumidor. La gente que se considerada que era la más necesitada, incluidos los bebés y las mujeres embarazadas, tenían prioridad para elegir leche y huevos.

Se formaban largas colas para para las raciones, y muchas veces había escasez de productos. El hecho de que una persona hubiera esperado varias horas en la cola para obtener mantequilla no significaba que hubiera cuando llegaran al mostrador. Las frutas y

---

[153] Ibidem.
[154] Ibidem.

verduras nunca estuvieron en las listas de racionamiento, pero a menudo faltaban tomates, cebollas y frutas importadas. Aunque la carne fue cuidadosamente inventariada, solo los cortes más caros estaban incluidos en la lista de raciones. Las vísceras se convirtieron en lugar común por sobre los cortes de carne, lo que condujo a una gran cantidad de nuevas recetas e ideas para usar las proteínas disponibles de la manera más sabrosa posible.

El 4 de junio de 1940, el Primer Ministro Churchill se dirigió a la Cámara de los Comunes para felicitar al país por la recuperación exitosa de 335.000 tropas aliadas de Dunkerque. También quería hacer un claro llamamiento a los Estados Unidos de América para que los ayudara.[155]

> ... La erupción alemana se ha extendido como una guadaña afilada alrededor del flanco derecho y la retaguardia de los ejércitos del norte. Cortó nuestras comunicaciones en busca de comida y municiones, que primero se extendería a Amiens y luego a través de Abbeville, llegó a la costa hasta Boulogne y Calais, y casi a Dunkerque. He dicho que este golpe de guadaña blindado casi llegó a Dunkerque, casi pero no del todo.
>
> Así fue como el puerto de Dunkerque se mantuvo abierto. Cuando se descubrió que era imposible para los ejércitos del norte reabrir sus comunicaciones a Amiens con los principales ejércitos franceses, solo quedaba una opción. Parecía, de hecho, desesperada. Los ejércitos belga, británico y francés estaban casi rodeados. Su única línea de retiro era a un solo puerto y sus playas vecinas. Estaban presionados por todos lados por fuertes ataques y superados en número en el aire.
>
> Cuando, hoy se cumple una semana, desde que le pedí a la Cámara que arreglara para esta tarde como ocasión para una declaración, temí que mi suerte sería anunciar el mayor

---

[155] "Los Combatiremos en las Playas". *Sociedad Internacional Churchill*. Web.

desastre militar en nuestra larga historia. Pensé, y algunos buenos jueces estuvieron de acuerdo conmigo, que quizás 20.000 o 30.000 hombres podrían rembarcarse. Mientras tanto, la Marina Real, con la ayuda voluntaria de innumerables marinos mercantes, hizo todo lo posible para embarcar a las tropas británicas y aliadas; se comprometieron 220 buques de guerra ligeros y otros 650 barcos.[156]

Churchill describiría con vibrante detalle el trabajo milagroso que se había realizado en Dunkerque, pintando una imagen orgullosa del ejército británico y sus camaradas aliados. Dijo que quería que cada miembro de la Cámara de los Comunes supiera exactamente lo que sucedió, y es por eso que relató la larga historia en su totalidad. Cuando acabó de contar la historia, continuó fortaleciendo el coraje británico para las próximas batallas de la guerra y pidió a los Estados Unidos la ayuda que tanto necesitaban.

> Continuaremos hasta el final, lucharemos en Francia, lucharemos en los mares y océanos, lucharemos con creciente confianza y creciente fuerza en el aire, defenderemos nuestra isla, cueste lo que cueste, pelearemos en las playas, pelearemos en los terrenos de desembarco, pelearemos en los campos y en las calles, pelearemos en las colinas; nunca nos rendiremos, e incluso si, lo que no creo ni por un momento, esta isla o una gran parte de ella estuviera subyugada y muriéndose de hambre, entonces nuestro Imperio más allá de los mares, armado y custodiado por la Flota Británica, continuará lucha, hasta que, en los buenos tiempos de Dios, el Nuevo Mundo, con todo su poder y poderoso, salga al rescate y la liberación del viejo.[157]

Los franceses, cuyos esfuerzos ayudaron a salvar a los suyos y a los soldados británicos durante la evacuación en Dunkerque, sin embargo, sufrieron intensas derrotas de los alemanes. Derrotada y

---

[156] Ibidem.
[157] Ibidem.

con muy poco para contribuir al esfuerzo de guerra, Francia firmó un armisticio el 17 de junio de 1940, abandonando la Segunda Guerra Mundial.[158] Al día siguiente Churchill habló ante la Cámara de los Comunes y dijo: "La batalla de Francia ha terminado. Espero que la batalla de Gran Bretaña esté a punto de comenzar"[159]. Gran Bretaña se enfrentó sola a las fuerzas militares alemanas, que en menos de dos meses habían conquistado la mayor parte de Europa Occidental. Sin embargo, Churchill reunió a su gobierno y convenció a la mayoría de no considerar la posibilidad de seguir negociando con Adolf Hitler, especialmente considerando el total desprecio de este último por las antiguas alianzas.

De julio a octubre de 1940, Gran Bretaña participó en una feroz campaña contra los invasores alemanes conocida como la batalla de Gran Bretaña.[160] No dispuesto a enfrentar a la Armada Real de frente, Adolf Hitler ordenó a sus buques de guerra atacar primero, venciendo a Gran Bretaña antes de que se lanzara una segunda ola por aire. Esta no sería solo la primera vez que Gran Bretaña había sufrido un ataque poderoso y directo, sino que fue la primera vez que se libró una batalla de este tipo casi por completo por aire. Era la Real Fuerza Aérea contra la Luftwaffe alemana, y la primera intentaba desesperadamente mantener a raya al enemigo. Durante meses, los aviones alemanes rugirían en lo alto, arrojando bombas sobre bases aéreas británicas, campamentos militares e incluso la población civil. Las bombas llovieron sobre Londres y otras ciudades portuarias, y se llevaron a cabo evacuaciones masivas de mujeres y niños para que pudieran estar en la relativa seguridad del campo. Los alemanes también llevaron a cabo bloqueos de suministros, con la esperanza de obligar a Churchill a firmar un tratado de paz redactado por el propio Hitler.

---

[158] Ibidem.
[159] Ibidem.
[160] "La Batalla de Gran Bretaña". *History.com*. Web. 2009.

En represalia, los audaces pilotos de la Real Fuerza Aérea volaron en misiones nocturnas, atacando a la Luftwaffe y a barcos alemanes por igual, y arrebataron el control a los invasores. También volaron sobre Berlín, devolviendo fuertes disparos a la capital alemana, al igual que la Luftwaffe continuó haciéndolo en Londres. Después de más de tres meses de lucha brutal, Alemania aún no había logrado reducir el poder de la Real Fuerza Aérea, ni tomar ninguna posición en las costas de Gran Bretaña. Hitler hizo retroceder a la Luftwaffe, y el ataque posterior por mar fue abandonado permanentemente. La victoria decisiva de la batalla de Gran Bretaña salvó a Gran Bretaña de una invasión terrestre y una eventual ocupación alemana, y también demostró por primera vez que solo el poder aéreo era capaz de ganar una gran batalla. El bombardeo de Londres continuó intermitentemente, aunque no en la medida horrible que había sido durante la batalla. Estos ataques a la capital se llamaron colectivamente Blitz, durante estas redadas murieron 60.595 civiles británicos, y 86.182 resultaron heridos.[161]

En junio de 1942, las prendas de vestir se agregaron a la lista de raciones , y desafortunadamente para Gran Bretaña, los Estados Unidos de América no se unieron formalmente al esfuerzo de guerra en Europa hasta después del bombardeo de Pearl Harbor el 7 de diciembre de 1941.[162] [163] En febrero de 1942, aunque la ayuda estaba en camino, los recursos eran tan escasos que incluso el jabón figuraba en la lista de raciones.[164] Los dos años siguientes vieron a los estadounidenses inundar de tropas Gran Bretaña para luchar junto a ellos, y mientras Hitler lograba enviar a millones de prisioneros que consideraba no aptos para su Tercer Reich idealizado a campos de

---

[161] Charman, Terry. "Cómo era la vida en Gran Bretaña durante la Segunda Guerra Mundial". *Museo Imperial de la Guerra.* Web. 2018.
[162] "Lo que Tiene que Saber Sobre el Racionamiento en la Segunda Guerra Mundial". *Museo Imperial de la Guerra.* Web. 2018.
[163] Nelson, Craig. *De la Infamia a la Grandeza.* 2016.
[164] Ibidem.

trabajos forzados y cámaras de gas, los Aliados lentamente se afianzaban en las líneas del frente.

Las fuerzas alemanas se rindieron a los Aliados en el norte de África en mayo de 1943, pero seguirían luchando en Europa.[165] Mientras tanto, Japón mantenía un férreo control en el teatro de guerra en el Pacífico. En 1944, los Aliados se concentraron en inundar de tropas Francia y liberarla con una marcha constante a Berlín. En las playas de Normandía hubo grandes pérdidas en las primeras oleadas, pero las fuerzas combinadas estadounidenses, británicas y canadienses siguieron presionando, dejando caer decenas de miles de tropas a la vez hasta que finalmente pudieron tomar algo de terreno al final del verano. París fue liberado primero, seguido poco después por Bélgica y Le Havre.

Alemania se rindió en mayo de 1945, siguiendo rápidamente el suicidio de Adolf Hitler cuando el ejército ruso la atacaba a solo ochenta kilómetros de las afueras de Berlín.[166] La guerra en el Pacífico continuaría durante los meses de verano hasta que los Aliados, incluido Winston Churchill, acordaron con el plan de los estadounidenses de lanzar bombas atómicas sobre Japón. La primera se lanzó el 6 de agosto sobre Hiroshima, matando a unos 150.000 civiles japoneses.[167] Tres días después, otra bomba caería sobre Nagasaki, esta vez matando a unas 75.000 personas.[168] Decenas de miles más morirían más tarde debido a la exposición a la radiación.

Después de la explosión devastadora en la patria japonesa, Japón se rindió formalmente el 2 de septiembre de 1945.[169] De los setenta a ochenta millones de personas muertas durante toda la guerra, Gran Bretaña sufrió pérdidas de alrededor de 450.900.[170] En julio de 1946,

---

[165] "Segunda Guerra Mundial". *Historia de Inglaterra*. Web.
[166] Ibidem.
[167] "Hiroshima y el Número de Muertos en Nagasaki". *UCLA*. Web. 2007.
[168] Ibidem.
[169] "Segunda Guerra Mundial". *Historia de Inglaterra*. Web.
[170] Ibidem.

Gran Bretaña agregó el pan a la lista de raciones de guerra que seguiría creciendo.[171] De hecho, la mayor parte de los productos no se sacarían de esa lista hasta principios de los años cincuenta. En 1954, el racionamiento de alimentos finalmente llegaría a su fin cuando el último artículo, la carne de res, se volvió a poner en circulación en forma habitual.[172]

---

[171] "Lo que Tiene que Saber Sobre el Racionamiento en la Segunda Guerra Mundial". *Museo Imperial de la Guerra.* Web. 2018.
[172] "Lo que Tiene que Saber Sobre el Racionamiento en la Segunda Guerra Mundial". *Museo Imperial de la Guerra.* Web. 2018.

# Epílogo

Una vez terminada la guerra, la reconstrucción de Londres comenzó de inmediato. Los evacuados que habían sido enviados al país o a la isla de Wight por su seguridad, regresaron, al igual que muchas de las tropas del extranjero. Los trabajadores y los fondos se fijaron en el Plan del Gran Londres, que sería un plan para la reconstrucción de muelles, áreas comerciales y sitios industriales de la ciudad. La construcción de nuevas viviendas se postergaría en gran medida hasta que la ciudad se recuperara adecuadamente, y como resultado, mucha gente fue reubicada, junto con sus trabajos, a otras ciudades. Por la Ley de Nuevas Ciudades de 1946, se fundaron ocho nuevos asentamientos fuera del Gran Londres.[173]

El gobierno británico anunció la Ley de Nacionalización de la Industria del Carbón en 1946, y el 12 de julio de 1946 se estableció la Junta Nacional del Carbón.[174] La Junta recibió la responsabilidad total de administrar la industria.

En 1951, se celebró el Festival de Gran Bretaña para conmemorar la recuperación nacional.

---

[173] "Reconstrucción después de la Segunda Guerra Mundial". *Enciclopedia Británica*. Web.
[174] "Nacionalización de las Minas". *Biblioteca del Movimiento de la Clase Obrera*. Web.

Vea más libros escritos por Captivating History

www.ingramcontent.com/pod-product-compliance
Lightning Source LLC
LaVergne TN
LVHW041640060526
838200LV00040B/1650